수학 바이러스 시즌 1 – 5권

정완상 ⓒ, 2022

초판 1쇄 발행일 | 2022년 1월 15일

지은이 | 정완상
그린이 | 조윤영
발행인 | 박혜정

발행처 | 브릿지북스
출판등록 | 제 2021-000189 호
주소 | 경기도 고양시 일산서구 킨텍스로 284, 1908동 1005호
문의전화 | 070-4197-5228
팩스 | 031-946-4723
이메일 | harry-502@daum.net

ISBN 979-11-976702-5-1
      979-11-976702-8-2(세트)

영재들을 위한 상위10%

수학 바이러스 시즌1

⑤ 게임 아일랜드

확률과 통계

정완상 지음 | 조윤영 그림

BRIDGE Books
브릿지북스

셈짱! 초등 수학 정복하다

초등 수학! 어떻게 하면 완전 정복할 수 있을까요?

흔히들 기본에 충실하면 된다고들 말하지요. 수학 계산에 열을 올리다가 처음으로 문장제(문장으로 기술된 수학문제)를 접하게 되면 초등학생들은 어떻게 식을 세워야 할지 몰라 난감한 표정을 짓게 됩니다.

그래서 이번 시리즈를 준비해 보았습니다. 초등 수학의 대표적인 문장제 유형을 어우르는 재미있는 동화를 써 보는 것이 이번 기획이었지요. 어디서부터 시작할지, 어떤 스토리를 만들지 많은 고민을 했어요. 읽었던 수많은 동화들을 다시 읽으면서 수학 아이템을 어디에 어떻게 넣어야 할지 새로운 틀을 짜내는 것이 제일 힘든 일이었지요.

그러던 중 현재 고등학교에 다니는 제 아들이 초등학교 다닐 때 가장 좋아했던 만화영화 〈포켓몬스터〉가 떠오르더군요. 포켓몬스터 속에는 다양한 모습을 한 몬스터들이 등장해 어린아이들의 마음을 사로잡았죠. '그래, 이거야!' 하는 생각이 문득 들더군요. 그래서 수학 몬스터들과 주인공의 대결을 통해 독자에게 문장제를 완벽하게 이해시키는 방법을 택하기로 한 거지요.

제가 배경으로 택한 매쓰피아 왕국은 여러 몬스터들이 살고 있는 다섯 개의 섬에 둘러싸여 있는 섬나라예요.

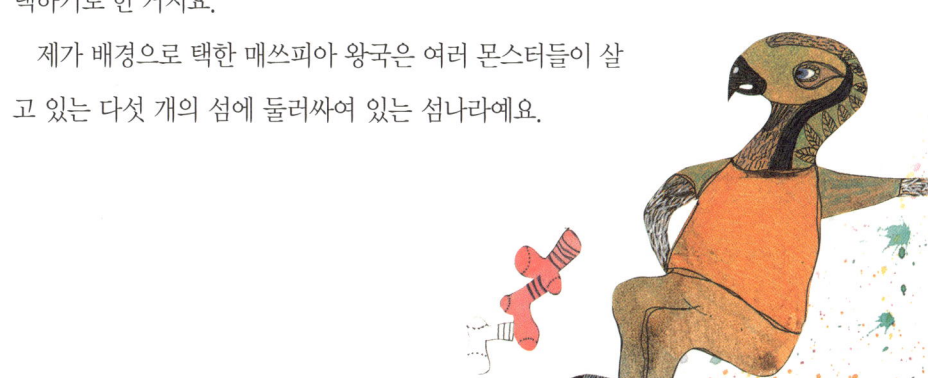

이 나라의 왕궁이 훤히 내려다보이는 매쏭 산에 열두 살짜리 천재 수학 소년 셈짱과 동갑내기인 말괄량이 마법 소녀 리나가 살고 있지요.
　이들을 주인공으로 하여 여러 수학 몬스터들과 어우러진 동화를 써 보는 것이 재미있겠다고 생각했어요. 그리고 초등 수학에 어떤 내용이 있는지를 알아보았지요. 그랬더니 초등 수학은 다음과 같은 다섯 개의 영역으로 크게 나눌 수 있었어요.

　　1. 수와 연산
　　2. 도형
　　3. 문자와 식
　　4. 규칙성과 함수
　　5. 확률과 통계

　그래서 각각의 영역을 한 권에 담은 〈수학 바이러스〉 시리즈를 완성하게 된 것이지요.
　이 책에서는 재미있는 수학 문제를 놓고 셈짱과 리나가 몬스터와 대결을 펼치는 과정을 그렸어요. 만일 수학 문제를 해결하지 못하면 무시무시한 몬스터들의 공격에서 벗어날 수 없는 긴장감도 도입했지요. 게다가 수학과 인문학과의 관계, 위대한 수학자들의 이야기들도 함께 넣었어요.
　다섯 권의 책을 서로 다른 스토리로 만들기 위해 많은 고민을 했어요.

새로운 아이디어가 잘 떠오르지 않을 때는 동심으로 돌아가기 위해 혼자 탱크나 비행기, 자동차 같은 프라모델을 조립해 사진을 찍어 daum에 있는 제 블로그 〈처음 하는 프라모델〉에 올리기도 했지요. 어린 시절의 마음으로 돌아가니 초등학생의 눈높이에 맞출 수 있는 아이디어가 술술 떠오르더군요. 그래서 이렇게 다섯 권의 책을 세상에 내놓게 되었어요.

이 책을 통해 초등학생들이 수학의 다섯 개 영역의 대표적인 문장제를 마스터하여 수학에 대한 자신감을 가지게 된다면 저자로서는 큰 영광이에요. 또한 이 책을 읽는 초등학생에게 골치 아픈 문제를 스스로 재미있는 스토리로 꾸미는 훈련을 할 것을 부탁드려요. 문제를 해결하는 방법을 스토리로 만들어 전개해 나가다 보면 문장력도 늘고 창의력이나 논리력도 생기게 되니까요.

끝으로 이 책이 나올 수 있도록 함께 고민한 브릿지북스 사장님께 감사의 말을 전합니다.

정완상

　추천사를 부탁 받고 원고를 읽어 나가면서 나도 모르게 탄성을 질렀습니다. 왜냐하면 수학의 개념과 원리가 너무나도 자세하고 친절하게 설명되어 있었기 때문입니다.

　처음에 등장하는 버그몬에서부터 마지막의 바람의 몬스터에 이르기까지 재미있는 캐릭터들이 들고 나오는 문제들 속에서 학교나 교과서에서 배울 수 없는 알차고 재미있는 개념과 원리들을 접하게 됩니다. 또한 리나와 셈짱 동갑내기가 펼치는 흥미진진한 수학 모험이 원고를 단숨에 읽어 내려가게 만들었습니다.

　아주 오래된 이야기지만 기원전에 알렉산드리아 대학에서 유클리드에게 기하학을 배우던 학생들 중에는 왕자도 있었습니다. 왕자가 좀 더 쉽게 배울 수 있는 방법을 묻자, 유클리드는 "기하학에는 왕도가 없습니다."라고 대답했다고 전해집니다.

　기원전이든 지금이든, 알렉산드리아든 서울이든 이 대답에는 변함이 없을 것입니다. 하지만 수학을 재미있고 쉽게 가르치라는 요구가 거세지면서 요즘은 '재미있는 수학'이라는 제목을 내걸고 마치 하룻밤에 수학을 정복할 수 있는 듯이 유혹하는 책들을 어렵지 않게 찾아볼 수 있습니다.

　그러나 수학은 결코 쉬운 학문이 아님은 자명한 사실입니다. 단지 쉽고 어려움은 수학을 공부하는 과정에서 달라질 수 있습니다. 그런 의미에서, 짜임새 있는 구성으로 수학의 원리와 개념을 재미있는 이야기의 형식을 빌려 전개해 나간 『수학 바이러스』는 우리의 수학적 호기심을 한 차원 높은 단계로 이끌어줄 것이며, 수학은 어려운 학문이지만 도전해 볼 만한 것이며 즐거움도 느낄 수 있는 학문임을 깨닫게 해줄 것입니다.

　자, 이제 더 이상 수학을 두려워하지 말고 이 책 속에 나오는 재미있는 문제와 번뜩이는 아이디어를 함께 즐겨보시기 바랍니다.

홍선호

📎 캐릭터 소개

🔺 **셈짱**: 열두 살 천재 수학 소년. 어릴 적에 매쑹 산에서 길을 잃고 헤매다 수학의 전설적인 인물인 수리도사의 수제자가 된다. 특출나게 수학문제 푸는 것을 좋아하고 오로지 수학만 좋아라 하는 평범한 소년.

🔺 **리나**: 수학꽝 마법 소녀이자 말괄량이인 수리도사의 손녀. 수학은 꽝이지만 책 읽기를 좋아해 아는 게 많다. 아직 마법의 입문 단계에 있는 다혈질의 새침한 소녀로, 인간 아빠와 요정 엄마 사이에서 태어나 인간과 요정의 장단점을 골고루 갖추고 있는 소녀.

🔺 **도브몬**: 게임 아일랜드의 비둘기처럼 생긴 건물에 사는 몬스터. 비둘기 머리에 사람 몸통을 갖고 있다. 양말 스무 켤레를 이용해 문제를 낸다.

🔺 **버그몬**: 게임 아일랜드의 달팽이 레스토랑에서 처음으로 만난 몬스터로, 입에서 햄버거가 쏟아져 나온다. 무시무시하게 생긴 40개의 버그몬들을 만들어 내어 셈짱과 리나에게 문제를 낸다.

○ **볼 몬스터** : 입구가 없는 정육면체 건물에서 유령처럼 벽 속으로 빨려 들어간 셈짱과 리나. 누군가 정체를 드러내지 않고 목소리만으로 문제를 내는데, 문제를 풀기 위해 리나가 마법으로 만든 귀여운 몬스터.

○ **물의 몬스터** : 수학 신전의 남쪽 문을 지키는 몬스터로, 코가 호스처럼 생긴 돼지 모습으로 코에서는 어린아이 오줌처럼 물이 흘러내린다. 셈짱과 리나가 문제를 맞히자 쓰나미처럼 강한 물을 내뿜는다.

○ **스탬프몬** : 잉크 없이도 영원히 사용할 수 있다는 마법의 세 스탬프몬. 자신들이 내는 문제를 못 맞히면 셈짱과 리나의 온몸이 스탬프로 도배될 것이라고 위협한다.

○ **불의 몬스터** : 수학 신전의 동쪽 문을 지키고 있으며, 얼굴 대신 불길이 치솟고 있는 희한하게 생긴 몬스터. 문제를 맞혔지만 셈짱과 리나를 들여보내 주지 않고 온몸을 불길로 만들어 가로막는다.

○ **리퀴드몬** : 건빵 레스토랑의 자판기 모양으로 생긴 몬스터로, 동전 투입구는 없고 투명한 몸체 속으로 음료수들이 보인다. 건빵을 먹고 갈증을 호소하는 셈짱과 리나에게 문제를 풀어야 음료수를 먹을 수 있다며 으름장을 놓는다.

캐릭터 소개 11

⬆ **스파이더몬**: 거미 모양으로 생긴 건물에 살며, 거미줄로 만든 옷을 입은 스파이더맨처럼 생긴 몬스터. 벽과 벽 사이를 날아다니며 거미줄로 셈짱과 리나에게 도형 문제를 낸다.

⬆ **바람의 몬스터**: 빨간 망토를 걸친 원숭이 모습의 몬스터로, 수학 신전의 북쪽 문을 지키고 있다. 셈짱과 리나가 하노이의 탑 문제를 맞히자 망토를 흔들어 거대한 회오리바람을 일으킨다.

⬆ **요정**: 세상에서 가장 오래된 수학책 속에서 튀어나온 요정으로, 온몸에서 황금빛이 뿜어져 나온다. 손에 들고 있는 작은 하프로 갖가지 소리를 내며 수학책을 열어 볼 수 있는 마지막 문제를 낸다.

⬆ **마우스몬**: 거대한 입술 모양으로 생긴 몬스터로, 자신과의 게임에서 지면 밥통 감옥에서 평생을 지내야 할 것이라고 협박한다.

⬆ **흙의 몬스터**: 수학 신전의 서쪽 문을 지키는 몬스터. 점토를 빚어 만든 것처럼 보인다. 셈짱과의 수학 대결에서 지자 스스로 몸을 산산이 부서뜨려 거대한 흙기둥을 만들어 문을 단단히 막아 버린다.

⬆ **게임 백작**: 팔자 모양의 콧수염을 기른 중년의 남자로, 짙은 눈썹과 큰 눈이 카리스마가 넘친다. 게임 아일랜드를 다스리며, 마법까지 자유자재로 쓴다. 자신이 낸 문제를 셈짱과 리나가 맞히자 수학 신전으로 안내한다.

배경

수학을 사랑하는 매쓰피아 왕국은 평화롭고 아름다운 섬나라이다. 이 섬은 다섯 개의 섬으로 둘러싸여 있는데 각각의 섬에는 수학 몬스터들이 살고 있다. 매쓰피아 왕국의 뉴머 왕은 열두 살짜리 딸 로지아 공주를 혼자 키우며 백성들에게 사랑 받는 정치를 펼치고 있다. 로지아 공주는 모험을 좋아해 매쓰피아 왕국을 벗어나 밖으로 돌아다니기를 좋아하는데, 뉴머 왕은 공주가 사라질 때마다 노심초사하며 지낸다.

한편 매쓰피아 왕궁이 훤히 내려다보이는 매쏭 산에는 열두 살 난 천재 수학 소년 셈짱과 수학꽝인 리나라는 동갑내기 말괄량이 소녀가 살고 있다. 리나는 왕실 대표 수학자를 지내다가 매쏭 산에서 은둔하며 지내던 수리도사의 손녀이고, 셈짱은 수리도사의 수제자이다. 얼마 전 수리도사가 죽은 후 셈짱과 리나는 매쏭 산에서 함께 지내고 있는데, 셈짱은 수학을 좋아하는 반면 리나는 수학보다는 책읽기를 더 좋아한다. 이제 셈짱과 리나의 즐겁고 흥미진진한 수학 모험이 시작된다.

차례

들어가는 말 ★ 5
추천사 ★ 8
캐릭터 소개 ★ 10
배경 ★ 13

첫 번째 문제 _ 경우의 수 ★ 16
게임 아일랜드

두 번째 문제 _ 나머지 ★ 34
밥통 감옥과 마우스몬

세 번째 문제 _ 길 찾기 ★ 45
움직이는 볼 몬스터

네 번째 문제 _ 팩토리얼 ★ 58
건빵산에 사는 리퀴드몬

다섯 번째 문제 _ 모스 부호 ★ 70
스탬프 쇼쇼쇼!

여섯 번째 문제 _ 파스칼의 삼각형 ★ 82
스파이더몬의 거미줄 쇼

일곱 번째 문제 _ 비둘기집 원리 ★ 92
도브몬과 스무 켤레의 양말

여덟 번째 문제 _ 확률 ★ 98
게임 백작과 수학의 신전

아홉 번째 문제 _ 세 자릿수 ★ 108
수학 신전을 지키는 불과 물 몬스터

열 번째 문제 _ 하노이의 탑 ★ 117
거대한 회오리바람과 바람의 몬스터

열한 번째 문제 _ 조화수열 ★ 128
최초의 수학책을 찾다

부록 _ 심화학습 ★ 142

게임 아일랜드

경우의 수

"셈짱, 여기 봐!"

리나가 희미한 불빛 속에서 소리쳤다.

셈짱은 서둘러 리나가 있는 곳으로 달려갔다.

최근에 두 사람은 돌아가신 수리도사의 유품을 정리하던 중 이상한 지도를 발견했다. 지도에는 두 사람이 머물고 있는 산속에 있는 작은 동굴 속의 한 지점에 X 표시가 되어 있었다. 그날 밤 두 사람은 어두운 동굴 속으로 돌아가 지도에 표시된 지점을 찾아갔다.

동굴 안이 너무 어두워서 리나가 조명 마법으로 희미한 불빛을

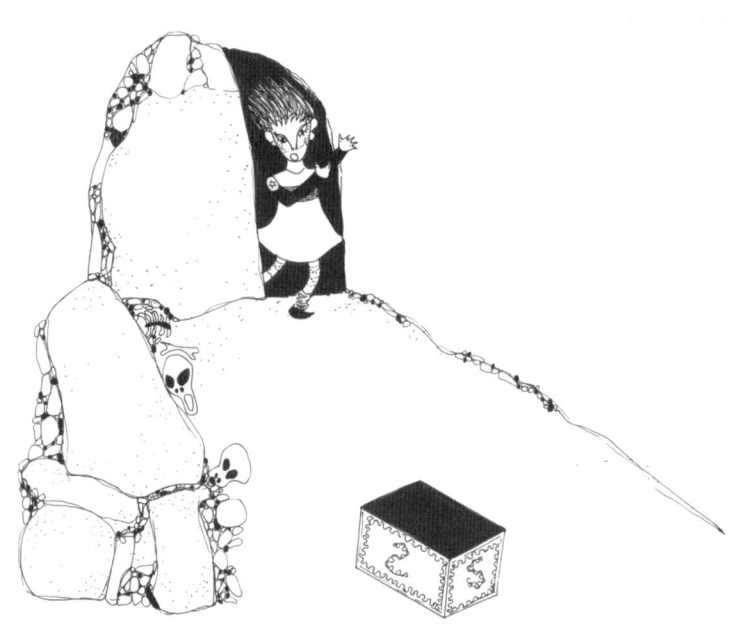

만들어 벽을 더듬거리면서 가까스로 찾아갈 수 있었다. 리나가 손으로 가리킨 곳에는 오래되어 보이는 조그만 상자가 있었다.

"도사님이 불쌍한 우리를 위해 돈을 남겨 두신 게 아닐까?"

셈짱이 기대에 가득 찬 얼굴로 리나에게 말했다.

"할아버지는 돈 한 푼 없이 평생을 지내셨어. 돈이 남아 있을 리가 없잖아."

리나가 셈짱에게 면박을 주었다.

"하긴……."

셈짱은 혀를 끌끌 찼다.

리나의 말대로 산속으로 들어온 이후에 수리도사는 돈을 전혀 갖고 있지 않았다. 워낙 그에게 신세를 진 사람이 많아서 시장에 가도 수리도사의 이름만 대면 공짜로 물건을 가져올 수 있었기 때문이다.

리나는 조심스럽게 상자 뚜껑을 열었다. 갑자기 빛이 새어 나오더니 어두운 동굴 안을 환하게 비추었다.

"뭐지? 금이라도 들어 있는 거 아니야?"

셈짱이 상자 안으로 고개를 들이밀었다. 하지만 빛이 너무 강해 상자 안은 전혀 보이지 않았다.

셈짱은 고개를 돌린 채 손을 상자 안으로 조심스럽게 밀어 넣고는 그 안에 들어 있는 내용물을 끄집어냈다.

황금빛이 나는 봉투였다.

리나는 상자 뚜껑을 닫고 봉투 안의 내용물을 꺼내 보았다.

아주 오래된 양피지 종이가 들어 있었다.

할아버지 수리도사의 글씨였다.

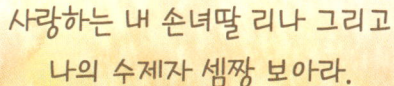

사랑하는 내 손녀딸 리나 그리고
나의 수제자 셈짱 보아라.

죽기 바로 직전에 나는 이 동굴에서 상자 하나를 발견했단다. 상자 안에는 전설로만 내려오던 수학책이 들어 있었다. 『수학의 시작』이라는 제목의 그 책은 모든 쪽이 황금 종이로 되어 있는 세상에서 가장 오래된 수학책이다. 하지만 내가 그 수학책을 손에 드는 순간, 갑자기 비둘기의 모습으로 변장한 정령이 수학책을 빼앗아갔다. 비둘기 정령은 자신이 수학의 신전을 지키고 있다고 말했다. 그 수학책은 수학의 신전에 있는 게 분명하다.

수학의 신전은 어릴 때 내 스승님으로부터 들은 적이 있는데, 어디에 있는지는 나도 모른다. 너희들이 이 책을 찾아와 다시 상자에 넣어 매쓰피아 왕국의 왕에게 전해 주어야 한다.

이 책은 우리 매쓰피아 왕국의 국보가 될 것이기 때문이다.

— 수리도사

"수학의 시작?"

셈짱은 고개를 갸웃거렸다.

리나는 오랜만에 할아버지의 편지를 읽으면서 훌쩍거리고 있었다. 하지만 수학의 신전이 어디에 있는지 몰라 두 사람은 그날의 일을 잊고 있었다.

그러던 어느 날 아침, 며칠 동안 우중충하던 하늘이 맑게 개자 셈짱이 리나에게 말했다.

"날씨도 좋은데 비행이나 해 볼까?"

"좋은 생각! 근데 어디로 가지?"

리나도 심심하던 차에 잘되었다는 듯 반갑게 되물었다.

"남쪽 바다로 가 볼까?"

"좋지."

리나는 양탄자를 펼쳐 셈짱을 태우고 남쪽 바다로 향했다. 구름 한 점 없이 맑은 하늘이라 비행하는 내내 남쪽 바다와 수많은 섬들이 한눈에 내려다보였다.

우르릉 꽝~~

갑자기 천둥소리가 들리더니 양탄자가 바람에 흔들리기 시작했다. 마치 토네이도에 휩싸인 것처럼 강한 바람 때문에 양탄자는 제멋대로 움직였다.

"일단 아무 데나 착륙해야겠어."

리나가 다급하게 소리치더니 고도를 급하게 낮췄다. 그 바람에 양탄자가 뒤집히면서 두 사람은 바다에 빠지고 말았다.

"제발 비상착륙 기능이 있는 양탄자 좀 가지고 다녀라."

셈짱이 바다 위에 얼굴만 쏙 내민 채 리나를 째려보며 말했다.

"나도 그러고 싶지. 하지만 마법사는 자신의 수준에 맞는 양탄자를 할당 받아. 내 실력이 아직 부족해서 최고급 양탄자는 꿈도 못 꿔."

리나가 한숨 섞인 목소리로 말했다.

"그런데 저게 뭐지?"

셈짱이 놀란 눈으로 어딘가를 가리키며 소리쳤다.

셈짱이 가리킨 곳에 조그만 섬이 보였다.

리나는 내비볼을 꺼내 섬의 위치를 알아보았다. 하지만 내비볼의 내비게이션에 등록되어 있지 않은 섬이었다. 일단 옷을 말려야 했기에 두 사람은 섬까지 헤엄쳐 갔다.

섬에는 '게임 아일랜드'라는 커다란 간판이 붙어 있었다.

"게임 아일랜드? 뭐 하는 곳일까?"

리나가 주위를 두리번거리며 말했다.

"글쎄…… 나도 생전 처음 와 보는 섬이라."

셈짱도 어리둥절한 표정으로 간판이 붙어 있는 입구를 바라보았다. 두 사람은 조심스럽게 입구 쪽으로 다가갔다.

"여기는 게임 아일랜드! 수학 게임을 즐기는 곳이랍니다."

직사각형 모양의 대문이 말을 했다.

"우린 길을 잃었어요. 게임 아일랜드라는 곳은 지도에도 없던데, 집으로 돌아가려면 어떻게 해야 하죠?"

리나가 불쌍한 얼굴로 물었다.

"글쎄요. 수학의 신전에서 소원을 빌면 집으로 돌아갈 수 있다고 들었어요."

대문이 부드럽게 말했다.

"수학의 신전은 어디에 있나요?"

리나가 다시 물었다.

"우리 섬 안에 있다는 얘기는 들었지만 정확히 어디에 있는지는 잘 몰라요. 하지만 당신들이 게임 아일랜드의 모든 건물을 들어갔다 나올 수 있다면 게임 백작을 만날 자격이 주어져요. 게임 백작은 오천 년 동안이나 이곳에서 살아왔기 때문에 수학의 신전이 있는 곳을 알지도 몰라요."

"그렇다면 섬 안으로 들어가겠어요. 우린 수학의 신전에 꼭 가야 해요."

리나가 다부진 목소리로 말했다.

'덜커덩' 하는 소리를 내며 대문이 열렸다.

"우와!"

두 사람은 동시에 탄성을 질렀다.

두 사람 앞에는 디즈니랜드처럼 환상적인 중세풍의 아름다운 건물들이 보였다.

어떤 건물은 달팽이 모양의 지붕을 가지고 있었고. 어떤 건물은 뱀이 똬리를 튼 것 같은 모양을 하고 있었고, 또 어떤 건물은 벽이 트럼프 카드처럼 생겼다.

두 사람은 마치 환상의 나라인 디즈니랜드에 온 것 같은 기분이 들었다. 건물들 사이에는 아름다운 꽃들이 피어 있는 길이 나 있었다.

"몬스터들의 놀이동산이군."

리나가 싱긋 웃으며 말했다.

"이건 놀이가 아니라 수학 게임이야. 모든 건물에 들어가려면 각오를 단단히 해야 할 거야."

셈짱이 의연한 표정으로 말했다.

리나는 말없이 고개를 끄덕였다. 두 사람은 왼쪽에 보이는 달팽

이 모양의 건물로 향했다. 입구에는 얼굴은 달팽이 모양이고 몸은 사람처럼 생긴 몬스터가 지키고 있었다.
"안녕하세요? 저는 달팽이 레스토랑의 셰프인 스네일몬이에요. 당신들을 환영합니다."
스네일몬은 두 사람에게 정중하게 인사하고는 친절하게 문을 열어 주었다.
"고마워요, 스네일몬."

리나가 미소를 지으며 말했다.

달팽이 레스토랑은 동그란 모양이었고 테이블은 한 개뿐이었다. 테이블에는 두 개의 의자가 서로 마주 보게 놓여 있었다. 두 사람은 말없이 의자에 앉았다.

"무슨 식당이 주방도 없고 종업원도 없지?"

셈짱이 썰렁한 주위를 둘러보며 말했다.

"글쎄…… 배고파 죽겠는데……. 아무 거나 좋으니 먹을 걸 좀 주었으면 좋겠는데……."

리나가 고픈 배를 움켜쥐며 괴로운 표정을 지었다.

그때 갑자기 테이블 위에 먹음직스러워 보이는 햄버거 하나가 나타났다.

"내 꺼야!"

"무슨 말씀, 내 꺼야!"

두 사람은 동시에 햄버거를 움켜잡았다. 하지만 서로를 노려보며 한 치의 양보도 할 마음이 없어 보였다. 두 사람은 반대 방향으로 햄버거를 잡아당겼다.

햄버거가 반으로 갈라지면서 두 사람은 뒤로 벌러덩 넘어졌다. 순간 이상한 일이 일어났다. 당연히 두 사람의 손에 있어야 할 햄버거 조각이 사라진 것이었다.

"싸우지들 말고 문제를 해결해. 그러면 이런 햄버거쯤은 원하는 만큼 실컷 먹게 해 줄게……."

셈짱과 리나가 반쪽씩 나누었던 햄버거가 다시 한 덩어리가 되어 두 사람 위에서 말을 하고 있었다.

"무슨 문제지?"

셈짱이 고개를 들며 물었다.

"우선 내 소개를 하지. 내 이름은 버그몬. 나와의 대결에서 이기면 너희들은 이 세상에서 가장 맛있는 햄버거를 먹을 수 있어.

하지만 질 경우 이 레스토랑에서 영원히 일을 해야 할 거야."

버그몬이 입을 크게 벌리며 말했다. 말을 할 때마다 빵 속의 고기와 야채가 밖으로 튀어나와 구역질이 날 것 같은 모습이었다.

"좋아! 문제를 내 봐. 이 셈짱이 못 푸는 문제란 없어!"

셈짱이 자리에서 벌떡 일어나 버그몬을 노려보며 말했다.

"자만심이 대단하군. 좋아! 시작해 보자구. 포티 멀티플리케이션!!"

버그몬이 주문을 외치자 순식간에 40명의 버그몬이 나타나 공중에 떠다녔다. 각각의 버그몬에는 1부터 40까지의 수가 씌어 있었다. 버그몬들은 입을 크게 벌리고 두 사람을 노려보았다. 입안에는 날카로운 이빨이 있어 금방이라도 두 사람을 물어뜯을 것 같았다.

"무시무시한 햄버거군."

셈짱이 약간 두려움에 떨리는 목소리로 말했다.

"좋아. 1번부터 40번까지의 버그몬 중에서 3의 배수 또는 5의 배수인 버그몬은 모두 몇 개인가? 이게 우리가 내는 문제야. 만약 문제를 못 맞히면 너희들은……."

1이라는 숫자가 씌어 있는 버그몬이 반짝거리는 금속 이빨을

드러내며 무서운 얼굴로 말했다. 리나는 소름이 돋을 정도로 무서웠지만 셈짱의 당당한 모습에 마음이 진정되었다.

"너무 쉬운 거 아니야?"

리나가 곧바로 대꾸했다.

"뭐가 쉽다는 거지?"

1번 버그몬이 리나를 쏘아보았다.

"40을 3으로 나누면 몫은 13이고 나머지는 1이야. 그러니까 3의 배수는 모두 13개라고 할 수 있지. 마찬가지로 40은 5로 나누어떨어지고 몫은 8이니까 5의 배수는 모두 8개야. 그러니까 3의 배수 또는 5의 배수인 버그몬은 8개지. 그러니까 3의 배수 또는 5의 배수인 버그몬의 수는 13 + 8 = 21(개)이야."

리나가 흘깃 셈짱을 바라보았다. 하지만 셈짱의 얼굴은 굳어 있었다.

"리나, 공통인 것을 빼 줘야 해."

가만히 있던 셈짱이 끼어들었다.

"어떻게?"

리나가 잘 이해가 되지 않는다는 듯 물었다.

"3의 배수이면서 동시에 5의 배수인 버그몬은 3의

배수를 헤아릴 때와 5의 배수를 헤아릴 때 모두 헤아렸어. 즉, 두 번 헤아린 셈이지. 그러니까 3의 배수이면서 동시에 5의 배수인 버그몬의 수를 빼 주어야 3의 배수 또는 5의 배수인 버그몬의 개수를 구할 수 있어. 3의 배수이면서 동시에 5의 배수이면 어떤 수의 배수지?"

"그야 15의 배수잖아."

"맞아. 1부터 40까지의 수 중에서 15의 배수는 15와 30 두 개니까 3의 배수 또는 5의 배수의 개수는 $13+8-2=19$(개)가 정답이야."

셈짱이 자신 있게 소리쳤다.

"대단한 녀석들이군! 우리가 졌다."

순간 40명의 버그몬이 동시에 사라졌다. 그리고 공중에서 먹음직스럽게 생긴 두 개의 햄버거가 날아와 두 사람 앞에 떨어졌다. 이번에는 싸울 필요가 없었다. 두 사람은 사이좋게 햄버거를 먹고는 달팽이 레스토랑을 빠져나왔다.

"경우의 수를 구할 때 덧셈과 뺄셈이 아니라 곱셈을 사용하는 때도 있어."

셈짱이 설명을 시작했다.

"언제인데?"

리나가 마지막 한 조각의 햄버거를 입에 넣으며 말했다.

"세 개의 도시 A, B, C가 있는데 A에서 B로 가는 길은 두 가지, B에서 C로 가는 길은 세 가지로 만들어 봐. 그러면 A에서 B를 거쳐 C로 가는 길은 모두 몇 가지일까?"

셈짱의 말이 끝나기가 무섭게 리나는 마법 칠판에 다음과 같이 그렸다.

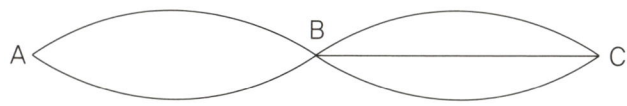

"오루패쓰핀더!!"

리나가 주문을 외우자, A에서 조그만 붉은 점 하나가 생기더니 모든 가능한 길을 따라 B를 거쳐 C로 갔다. 그러자 붉은 점이 지나간 길은 모두 붉은색으로 바뀌었다.

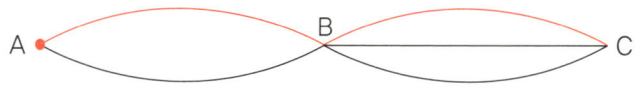

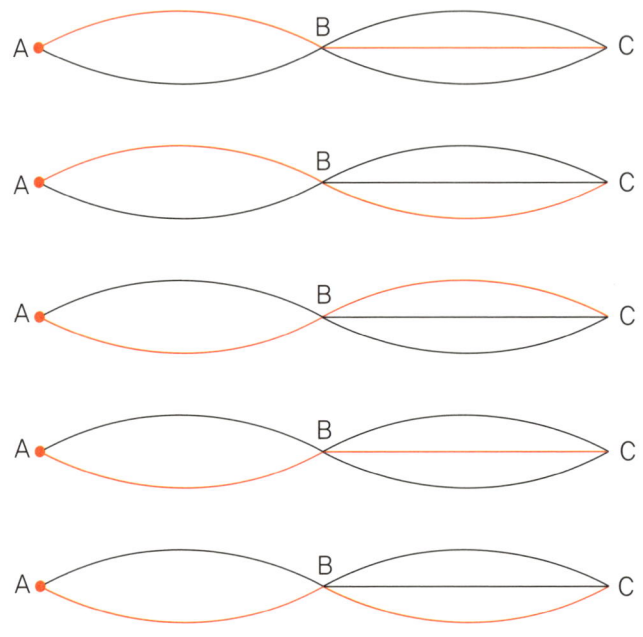

"모두 여섯 가지인데?"

리나가 마법 칠판을 유심히 관찰하고는 말했다.

"A에서 B까지의 경로 중에서 하나의 경로를 택하는 방법은 두 가지야. 그리고 B에서 C로 가는 경로 중 하나의 경로를 택하는 방법은 세 가지이고. A에서 B를 거쳐 C로 가는 것은 A에서 B로 가고, 그리고 B에서 C

로 가는 것을 말해. 이와 같이 '그리고'로 연결되어 있을 때는 각 경우의 수를 곱하면 전체 경우의 수가 돼. 이것을 '곱의 법칙'이라고 하지. 이 문제에 곱의 법칙을 적용하면 A에서 B를 거쳐 C로 가는 전체 경로의 수는 $2 \times 3 = 6$(가지)이 되는 거야."

셈짱이 긴 설명을 마쳤다.

밥통 감옥과 마우스몬
나머지

 달팽이 레스토랑을 나온 두 사람은 입구가 입술 모양으로 생긴 건물로 들어갔다. 입술을 굳게 닫고 있는 건물 입구에 도착하자 입술이 크게 벌어지면서 붉은색의 긴 혀가 두 사람이 있는 곳까지 튀어나왔다.
 "징그럽긴 하지만 그래도 레드 카펫이군."
 리나는 마치 자신이 세계적인 스타가 되어 칸 영화제에 초대라도 받은 것처럼 멋진 포즈를 취하며 레드 카펫에 발을 내디뎠다.
 "착각하지 마. 이건 레드 카펫이 아니라 혓바닥이야."
 셈짱이 투덜거리며 말했다. 사람은 아니지만 혓바닥을 밟고 들

어가는 것이 왠지 찜찜하다는 표정이었다.

두 사람이 건물의 혓바닥을 모두 걸어가자 입술이 닫히면서 미끄러지듯이 건물 안으로 내려갔다.

"우와! 미끄럼틀이다."

리나가 신나하는 목소리로 소리쳤다. 하지만 셈짱은 왠지 모르게 걱정스러운 마음이 들었다. 문제를 맞히지 못하면 굳게 닫힌 입술 속에서 빠져나가지 못할 거라는 직감이 들었기 때문이다.

건물 안은 사람의 입속과 비슷한 모양이었다. 두 사람이 타고 온 혓바닥은 천장에 붙어 있었고, 반대쪽에는 식도처럼 보이는 터널이 있었다.

그때 갑자기 어디선가 신나는 노랫소리가 들려왔다.

"마우스몬, 문제를 내러 가야지. 얘들아, 문제를 맞혀 보아라. 맞히면 탈출, 못 맞히면 식도 속으로……. 오늘도 게임을……."

입술 모양의 몬스터가 공중에서 입을 크게 벌리고는 한 번도 들어 본 적이 없는 이상한 노래를 열심히 부르고 있었다.

"쟨 또 뭐야?"

셈짱이 투덜대듯 말했다.

"난 마우스몬이다. 이 건물의 주인이지. 나랑 게임 한 판 어때?"

이기면 통과, 지면 이 건물의 혀가 너희를 식도 터널로 밀어 버릴 거야. 그 안으로 들어가면 밥통이라고 부르는 작은 감옥에서 평생을 지내야 할 거다."

마우스몬이 입을 위아래로 빠르게 열었다 닫았다 하며 말했다.

"맞히면 되지."

셈짱이 양팔을 허리춤에 대고 의연하게 말했다.

"좋아. 1부터 시작해서 한 번에 하나의 수 또는 두 개의 수를 연속으로 말하는데, 먼저 100을 외치는 사람이 지는 게임이야. 어때? 별로 어렵지 않지?"

마우스몬이 말했다. 자신의 승리를 장담하는 듯한 표정이었다.

"좋아."

셈짱이 의미심장한 미소를 지으며 말했다.

"내가 먼저 할게."

마우스몬이 말했다.

"좋도록……."

셈짱이 마우스몬에게 손을 뻗어 손바닥을 보여 주며 말했다.

"1."

마우스몬이 먼저 수를 말했다.

"2, 3."

셈짱이 두 개의 수를 댔다.

"3, 4."

"5."

"6."

"7, 8."

마우스몬과 셈짱은 하나의 수 또는 두 개의 연속된 수를 계속 외쳐댔다. 리나는 긴장된 얼굴로 두 사람의 게임을 지켜보았다.

"97."

마우스몬이 조금 고민을 하는 듯 시간을 끌다가 소리쳤다.

"넌 졌어."

셈짱이 크게 웃으며 말했다.

"아직 게임이 안 끝났는걸!"

"게임 오버야. 98, 99."

"헉~!!"

마우스몬이 놀라 소리쳤다.

"빨리 숫자를 대야지."

셈짱이 실실 웃으며 말했다.

"100. 내가 졌어. 나는 이 게임에서 한 번도 진 적이 없는데……. 대체 어떻게 된 거지?"

"이 게임은 무조건 먼저 하는 사람이 지게 되어 있어. 간단한 수학만 알면 말이야."

"어떤 수학?"

마우스몬이 물었다.

"상대방이 한 개의 수를 외치면 나는 두 개를 외치고 상대방이 두 개의 수를 외치면 난 한 개의 수를 외치면 돼. 이런 식으로 하면 상대방과 내 차례가 끝나면 항상 세 개의 연속된 수가 남지. 그런데 100은 3으로 나누어 몫이 33이고 나머지가 1인 수잖아? 그러니까 이런 식으로 상대방과 내가 세 개씩 연속된 수를 말하면 마지막에 100이 남게 돼. 그것은 물론 상대방이 불러야 할 차례니까 내가 이기게 되는 거지."

셈짱이 싱긋 웃으며 설명했다.

"그럼 수를 더 많이 외칠 수 있으면 달라지겠네?"

리나가 눈을 반짝이며 물었다.

"물론이야. 하지만 그때도 규칙이 있어. 1부터 시작해서 한 번에 하나의 수 또는 두 개의 수 또는 세 개의 수를 연속으로 말하는데, 먼저 101을 외치는 사람이 지는 게임이라고 해 봐."

"이번에는 왜 101이지?"

"두 개까지 수를 부를 수 있을 때는 3으로 나눈 나머지가 1인 수까지, 세 개까지 수를 부를 수 있을 때는 4로 나눈 나머지가 1인 수까지, 네 개까지 수를 부를 수 있을 때는 5로 나눈 나머지가 1인 수까지 해야 규칙이 적용돼. 이 경우 100은 4로 나누어떨어지니까 안 되고, 101은 4로 나눈 나머지가 1인 수이니까 규칙이 적용되는 거지."

"어떻게 해야 이기는데?"

"두 번째에 해야 무조건 이길 수 있어. 첫 번째 사람이 수를 하나 외치면 너는 세 개의 수를 이어서 외치고, 첫 번째 사람이 두 개의 수를 외치면 너는 두 개의 수를 이어서 외치고, 첫 번째 사람이 세 개의 수를 외치면 너는 한 개의 수를 이어서 외치면 무조건 이겨. 이렇게 하면 두 사람이 한 번씩 수를 불렀을 때 항상 네 개의 수가 만들어지거든. 그런데 101은 4로 나눈 나머지가 1인 수이니까 하나가 남게 되지. 물론 남는 수는 101이야. 이 수는 첫 번째 사람이 무조건 불러야 하니까 너는 항상 이기게 되어 있어."

셈짱이 똑부러지게 설명했다.

잠시 후 노란 연기가 피어오르더니 곧 두 사람을 두텁게 에워싸기 시작했다. 영문을 모르는 두 사람은 두려움에 떨었다. 하지만 이내 연기가 걷히고 두 사람 앞에는 입술 모양의 건물이 보였다.

"밖으로 나왔어."

리나가 들뜬 목소리로 말했다.

"당연하지. 우리가 이겼잖아? 리나, 아까 문제와 비슷한 논리의 문제를 내 볼게. 한번 풀어 봐."

"어떤 문젠데?"

리나가 고개를 갸웃거렸다. 셈짱은 마법 칠판에 다음과 같은 그림을 그렸다.

"주사위를 던져서 주사위의 눈이 1이 나오면 말을 A에서 한 칸 오른쪽으로 옮기고, 2가 나오면 두 칸 오른쪽으로 옮기는 방법으로 주사위를 여러 번 던져서 나온 눈의 수만큼 말을 움직여서 B에 도착하면 이기는 게임이라고 해 봐. 눈의 수가 많아 도착점인 B를

넘는 경우에는 남은 수만큼 처음부터 다시 놓아야 한다고 할 때 주사위를 두 번 던져 말이 B에 도착하는 경우는 몇 가지일까?"

셈짱이 싱긋 웃으며 물었다.

"복잡한데……. 여러 경우를 따져 봐야 할 거 같아."

리나가 손사래를 치며 어려워했다.

"간단해. A에서 출발해 몇 칸을 가면 B에 도착하지?"

"일곱 칸."

"그러니까 두 주사위의 눈의 합이 7이 되는 경우를 찾으면 돼. 처음에 1의 눈이 나오면 다음에 6의 눈이 나오는 식으로 말이야. 그러니까 다음과 같아.

(1, 6), (2, 5), (3, 4), (4, 3), (5, 2), (6, 1)

즉, 가능한 경우는 모두 여섯 가지가 되는 거야."

셈짱이 어깨를 으쓱거리며 말했다.

"가만, 재미있는 게 생각났어."

셈짱이 눈을 반짝이며 말했다.

"뭔데?"

리나가 관심 있는 표정으로 물었다.

"16세기 이탈리아에 카르다노라는 수학자가 있었어. 그는 주사위 두 개를 던졌을 때 나오는 눈의 수의 합이 몇일 때 경우의 수가 가장 많은지를 처음으로 연구했어. 말하자면 경우의 수 이론의 창시자라고 할 수 있지."

"합이 언제일 때 경우의 수가 가장 많아지는데?"

"두 주사위의 눈의 합은 2, 3, 4, 5, 6, 7, 8, 9, 10, 11, 12의 열한 가지가 가능해. 이 중에 가장 가운데에 있는 수가 뭐지?"

"7."

"바로 두 눈의 합이 7이 되는 경우의 수가 가장 많아. 두 주사위의 눈의 합과 두 주사위의 눈을 나타내면 다음과 같아.

주사위의 눈의 합	가능한 경우
2	(1, 1)
3	(1, 2) (2, 1)
4	(1, 3) (2, 2) (3, 1)
5	(1, 4) (2, 3) (3, 2) (4, 1)
6	(1, 5) (2, 4) (3, 3) (4, 2) (5, 1)
7	(1, 6) (2, 5) (3, 4) (4, 3) (5, 2) (6, 1)
8	(2, 6) (3, 5) (4, 4) (5, 3) (6, 2)

9	(3, 6) (4, 5) (5, 4) (6, 3)
10	(4, 6) (5, 5) (6, 4)
11	(5, 6) (6, 5)
12	(6, 6)

"그러니까 두 눈의 합이 7이 되는 경우가 일곱 가지로 가장 많다는 걸 알 수 있지."

셈짱이 긴 설명을 마쳤다.

움직이는 볼 몬스터

길 찾기

셈짱과 리나는 정육면체 모양으로 생긴 건물에 다가갔다. 건물 벽에는 가로 줄과 세로 줄이 여러 개 그려져 있었다. 하지만 건물을 한 바퀴 빙 둘러 보아도 입구가 보이지 않았다.

"도대체 어디로 들어가라는 거지?"

리나가 고개를 절레절레 흔들고는 무심코 벽에 한 손을 댔다. 순간 유령처럼 리나가 벽 속으로 빨려 들어가기 시작했다.

"으악! 리나가 죽었나 봐."

셈짱은 비명을 지르며 벽에 기댔다. 그러자 셈짱도 스르륵 벽을 투과해 건물 안으로 들어갔다. 건물 바닥에 다음과 같은 모양

의 도형이 그려져 있을 뿐 건물 안에는 아무것도 없었다.

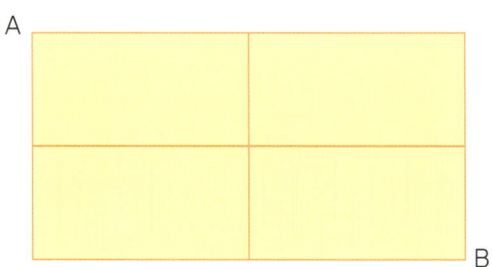

"이게 뭐지?"

셈짱이 바닥에 있는 도형을 이상한 듯 바라보며 말했다.

"글쎄, 새로운 게임이겠지."

리나가 대수롭지 않은 듯 대꾸했다.

그때 갑자기 양쪽 벽이 두 사람 쪽으로 움직이기 시작했다.

"으악!"

두 사람은 동시에 비명을 질렀다. 비록 느린 속도로 움직이긴 했지만 이런 식으로 벽이 안쪽으로 밀려 들어오면 언젠가 두 사람은 압사할 것이 뻔했기 때문이다.

그때 갑자기 벽에서 묵직한 음성이 들렸다.

"흐흐흐~ 이 방에 온 걸 환영한다. 바닥에 그려져 있는 도로에

서 A에서 B로 가는 가장 짧은 길이 몇 가지인지를 알아내라. 만일 못 맞히면 너희들은 벽과 벽 사이에서 쥐포, 아니 인간포가 될 것이다."

"쥐포! 졸라맨!"

리나가 압사되는 자신의 모습을 떠올리며 다시 비명을 질렀다.

"셈짱, 어떻게 좀 해 봐."

"지금 생각 중이야."

셈짱이 채근하는 리나에게 짜증 섞인 목소리로 대꾸했다. 셈짱은 조용히 눈을 감고 명상에 잠겼다.

"그래!"

뭔가 생각이 난 듯 갑자기 셈짱이 소리쳤다.

"해결할 수 있겠어?"

리나가 물었다.

"혹시 복제 마법 가능해?"

"인간은 불가능하지만 볼 몬스터라면 가능해."

"좋아. 볼 몬스터를 A 지점에 있게 해."

리나는 마법으로 공 모양의 볼 몬스터를 불러내 A 지점에 세웠다.

"어떻게 하려는 건데?"

리나가 궁금해하며 물었다.

"간단해. A에서 B로 가는 모든 가능한 짧은 길의 개수만큼 볼 몬스터가 생기게 하는 거야. 그러면 마지막에 B에 모인 볼 몬스터의 개수가 바로 A에서 B까지 가는 가장 짧은 길의 개수가 될 거야."

"언제 볼 몬스터가 생기는 거지?"

"두 갈래 길을 만나면 볼 몬스터가 두 배로 복제되어 두 갈래 길을 따라가게 하면 돼. 우선 A에서 바로 두 갈래 길이 나오니까 두 개로 복제해서 두 길로 가게 해."

리나는 셈짱이 시키는 대로 했다.

두 개로 복제된 볼 몬스터가 두 개의 길을 따라 움직였다.

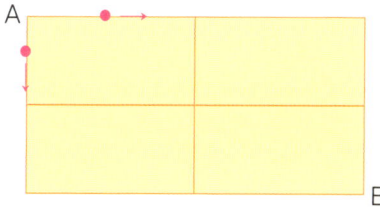

두 개의 볼 몬스터는 잠시 후 다시 두 갈래 길을 만났다.

"이젠 어떡하지?"

리나가 물었다.

"두 갈래 길이니까 두 배로 복제해서 각각의 길로 가게 해야지."

셈짱이 말했다.

리나는 볼 몬스터에게 마법을 걸어 셈짱의 지시대로 했다. 이제 도형 위에는 네 개의 볼 몬스터가 움직이고 있었다.

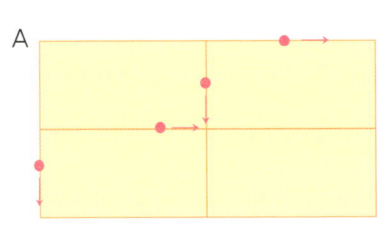

"셈짱, 한가운데 교차로에서 두 볼 몬스터가 충돌하려고 해!!"
리나가 놀라 소리쳤다.

"두 갈래 길에서 온 볼 몬스터가 한 점에서 만나면 함께 움직이면 돼. 윷놀이할 때 말을 업어서 가는 것처럼 말이야. 그러면 가운데에서 두 개의 볼 몬스터가 만나 두 개가 되면 갈 수 있는 길은 오른쪽 또는 아래쪽의 두 가지이니까 두 길로 두 개씩의 볼 몬스터가 가면 돼. 두 갈래 길을 만나지 않은 나머지 볼 몬스터는 그대로 B를 향해 전진하면 되고."

리나는 볼 몬스터에게 셈짱의 지시를 마법으로 전달했다. 그러자 볼 몬스터는 여섯 개가 되어 다음과 같이 움직였다.

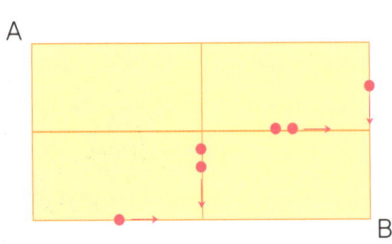

이런 방법으로 두 갈래 길이 만나 한 점에 이르렀을 때 볼 몬스터들이 하나가 되어 B를 향해 전진하자 다음과 같이 되었다.

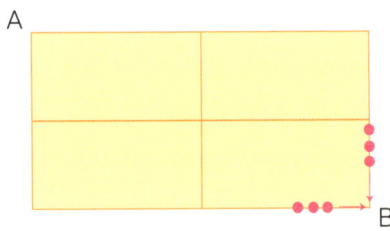

"B에 여섯 개의 볼 몬스터가 모였어."

리나가 신기한 듯 소리쳤다.

"그러니까 A에서 B까지 가는 가장 짧은 길의 수는 여섯 개야."

셈짱이 답을 외치자 두 사람을 향해 다가오던 벽이 동작을 멈추었다.

"이걸 간단하게 헤아리는 방법이 있어."

셈짱이 눈을 반짝이며 말했다.

"뭔데?"

리나가 호기심 어린 눈빛으로 물었다.

"A를 지나는 직선상에 있는 꼭짓점에 모두 1을 쓰는 거야.

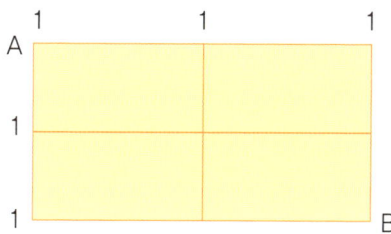

그런 다음 다음과 같이 줄을 그려 봐.

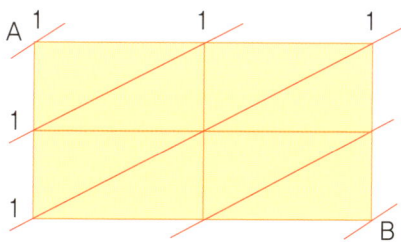

다섯 줄이 생기지? 첫 번째 줄에는 점이 하나인데 그 값은 1이

고, 두 번째 줄은 점이 두 개인데 두 점의 수는 모두 1이야. 세 번째 줄에는 가운데 점에 수가 없지? 이 수는 그 바로 윗줄에 있는 두 수의 합이야. 즉, 1＋1＝2가 돼. 그러니까 다음과 같이 되는 거지.

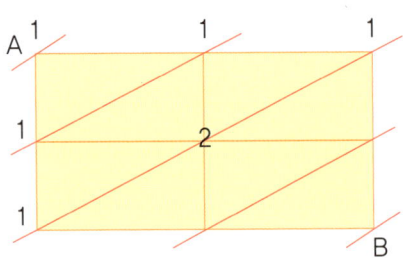

같은 요령으로 네 번째 줄의 두 개의 점에는 바로 윗줄에 있는 두 수의 합을 적어 봐. 1＋2＝3, 2＋1＝3이니까 다음과 같이 되잖아?

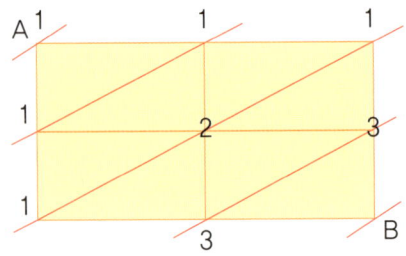

마지막으로 다섯 번째 줄에 있는 B점에는 바로 윗줄에 있는 두 수의 합을 쓰면 돼. 3＋3＝6이니까 다음과 같이 되지.

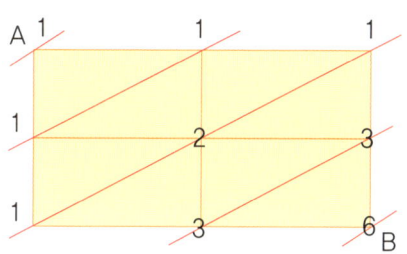

B점에는 숫자 6이 씌어 있지? 그러니까 A에서 B까지 가는 가장 짧은 길의 수는 여섯 개야."

셈짱이 긴 설명을 마쳤다.

"대단한 녀석들이군."

벽에서 한숨 섞인 소리가 들려오더니 잠시 후 두 사람은 건물 바깥에 서 있었다.

"파스칼이라는 수학자를 알아?"

셈짱이 리나에게 물었다.

"파스칼은 물리학자 아냐?"

리나가 고개를 절레절레 흔들었다.

"물론 물리학자이기도 하지. 유체에 대한 파스칼의 원리를 발견하고 대기압을 최초로 측정하기도 했으니까. 하지만 파스칼은 수학에서도 큰 기여를 했어. 그는 세금징수원인 아버지의 일을 돕기 위해 세계 최초로 계산기를 발명했어. 그리고 게임에서 어떤 팀이 유리한지를 판별하는 '게임이론'이라는 수학의 창시자이기도 하지. 그런데 파스칼의 재미난 업적 중의 하나가 바로 파스칼의 삼각형이야."

"그게 뭔데?"

"이미 보여줬잖아?"

"언제?"

리나는 도저히 이해가 가지 않는다는 얼굴로 되물었다. 그러자 셈짱은 싱긋 미소를 지으며 마법 칠판에 다음과 같이 그렸다.

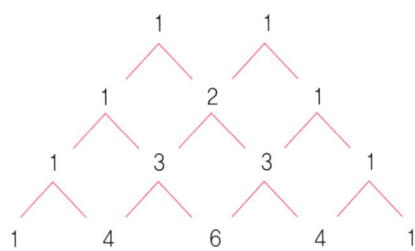

그러고는 다시 말을 이었다.

"처음에 1, 1을 쓰고 둘째 줄에는 1과 1 사이에 1+1=2를 써. 그리고 셋째 줄에는 위의 두 수의 합을 가운데에 쓰고, 양쪽에는 다시 1을 써. 넷째 줄도 마찬가지로 셋째 줄에 있는 연속한 두 수의 합을 가운데에 쓰고 양쪽에 1을 써. 이렇게 만들어진 수의 삼각형을 '파스칼의 삼각형'이라고 불러."

"정말 앞에서 나왔던 수들이네!"

리나가 눈을 반짝이며 흥분한 목소리로 외쳤다.

"그것 봐."

셈짱이 싱긋 웃으며 말했다.

건빵산에 사는 리쿼드몬
팩토리얼

두 사람이 다음번에 들어간 건물은 동그란 빵 모양의 건물이었다. 건물 앞에는 건빵 레스토랑이라는 간판이 보였다. 간판 아래 입구에는 '세상에서 가장 맛있는 건빵이 즐비함'이라고 씌어 있었다. 두 사람은 망설임 없이 문을 열고 안으로 들어갔다. 바닥이 온통 건빵으로 뒤덮여 있었다.

"우와! 배고팠는데 잘됐다."

두 사람은 건빵산 위로 다이빙하더니 게걸스럽게 건빵을 집어 먹기 시작했다. 얼마나 먹었을까? 두 사람은 갑자기 목이 메어 왔다.

"물…… 물……."

셈짱이 며칠째 오아시스를 발견하지 못한 사막 여행자처럼 갈증을 호소했다. 그러고는 문을 향해 돌진! 하지만 문은 굳게 닫혀 있었다. 갈증 나기는 리나도 마찬가지였다.

"마법으로 물 좀 만들어 봐."

셈짱이 기어들어가는 목소리로 말했다.

"물은 못 만들어."

리나도 힘들어하는 목소리였다.

"그건 왜?"

"액체 상태의 물질을 불러내는 마법은 아직 배우지 못했거든."

"너는 정작 필요할 때는 마법을 못 쓰고……."

셈짱이 투덜거렸다.

그때 갑자기 자판기 모양으로 생긴 몬스터가 건빵산 속에서 튀어 나왔다. 자판기 모양이지만 버튼이나 동전 투입구는 없고 투명한 몸체 속으로 여러 종류의 시원한 음료수들이 보였다.

"우와! 콜라다."

리나가 환호성을 질렀다.

"나는 리퀴드몬. 음료수를 공급하는 역할을 맡고 있지. 나와의 게임에서 이기면 음료수를 주겠지만 지면 물 없이 평생 건빵만 먹게 될 것이다."

리퀴드몬이 두 사람에게 얼굴을 들이밀며 말했다.

"좋아! 어서 문제를 내 봐. 우린 반드시 음료수를 먹고 이 방을 빠져나갈 거야."

셈짱이 당당하게 말했다.

"문제를 내지. 천 원짜리 3장, 500원짜리 동전 3개, 100원짜리 동전 3개로 거스름돈이 생기지 않게 살 수 있는 물건 값의 종류는 몇 가지냐?"

리퀴드몬이 굵은 목소리로 말했다.

"휴! 무슨 말인지 모르겠어."

리나가 한숨을 내쉬었다.

"거스름돈 없이 살 수 있는 물건 값이란 바꿔 말하면 지불할 수 있는 금액을 말해. 이 문제에서 가장 중요한 것은 '1000원=500원+500원'이라는 거야. 즉, 1000원을 지불

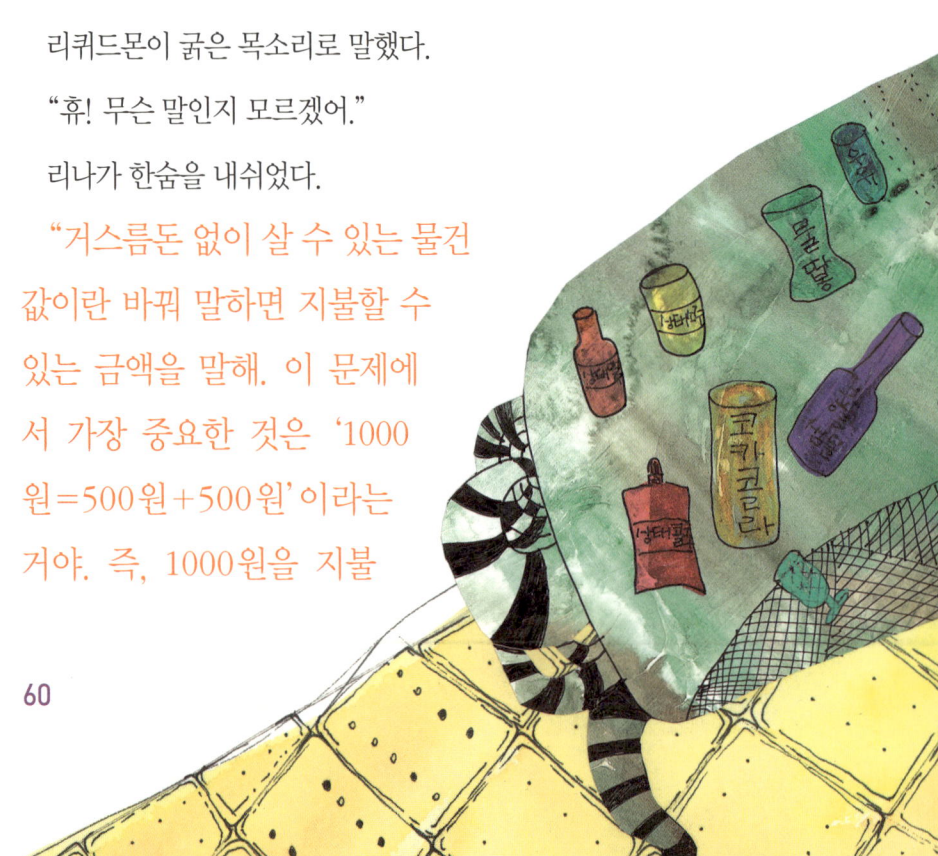

해야 할 때 1000원짜리 한 장을 내든 500원짜리 동전 두 개를 내든 같은 금액을 지불하는 셈이지."

셈짱이 말했다.

"그렇다면 1000원짜리 대신 500원짜리 두 개가 있다고 생각해도 되겠구나?"

리나는 셈짱의 말뜻을 이해한 표정으로 말했다.

"맞아. 1000원짜리 세 장은 500원짜리 여섯 장과 같은 금액이야."

셈짱은 이렇게 말하고는 마법 칠판에 다음과 같이 썼다.

500원짜리	100원짜리
아홉 개	세 개

"이제 500원짜리 아홉 개와 100원짜리 세 개로 지불할 수 있는 금액이 몇 종류인지 알아내면 돼. 500원짜리를 낼 수 있는 방법은 0개, 1개, 2개, …, 9개의 열 가지 경우가 있고, 100원짜리는 세 개이니까 100원짜리를 낼 수 있는 방법은 0개, 1개, 2개, 3개의 네 가지가 있어."

"그럼 가능한 금액은 10 × 4 = 40(가지)이겠네?"

리나가 어깨를 으쓱거리며 말했다.

"한 가지는 빼야 해."

셈짱이 지적했다. 그러자 리나가 펄쩍 뛰며 큰 소리로 물었다.

"왜 빼야 하는 거야? 빼야 하는 이유를 말해 봐."

"500원짜리를 0개 내고 100원짜리를 0개 내면 지불 금액은 0원이 되잖아? 0원짜리 물건은 없어. 0원을 지불했다는 것은 지불하지 않은 것을 뜻하니까 지불 금액의 종류에서 제외시켜야 해. 그러니까 지불 금액의 종류는

$$10 \times 4 - 1 = 39(가지)$$

가 되는 거야."

셈짱이 깔끔하게 마무리했다. 하지만 리나는 궁금한 것이 있는 듯 고민스런 표정을 지었다.

"무슨 문제라도 있어?"

셈짱이 물었다.

"500원짜리 두 개를 1000원짜리 한 장으로 바꾸어도 같은 결과가 나올까?"

리나는 머릿속에 빙빙 돌고 있던 의문을 속 시원하게 털어 놓았다.

"결론부터 말하면 똑같아. 500원짜리 두 개를 1000원짜리로 바꾸면 다음과 같아."

셈짱은 마법 칠판에 다음과 같이 썼다.

1000원짜리	500원짜리	100원짜리
네 개	한 개	세 개

셈짱은 마법 칠판을 흘깃 보며 말을 이었다.

"1000원짜리를 지불하는 방법은 다섯 가지, 500원짜리를 지불하는 방법은 두 가지, 100원짜리를 지불하는 방법은 네 가지니까 전체 지불 금액의 종류는

$$5 \times 2 \times 4 - 1 = 39 (가지)$$

가 돼."

"우와! 똑같은 답이 나왔어."

리나가 신기한 듯 마법 칠판을 응시했다.

"당연하지."

셈짱이 어깨를 으쓱거렸다.

"가만! 조금 이상한 게 있어."

리나가 다시 눈을 깜빡거리며 말했다.

"뭔데?"

셈짱이 되물었다.

"그럼 모두 100원짜리로 바꾸면 1000원짜리 세 장은 100원짜리 30개가 되고 500원짜리 세 개는 100원짜리 15개가 되잖아? 그럼 전체적으로 100원짜리 48개가 되니까 지불 금액의 종류는 (30 + 15 + 3) − 1 = 48(가지)가 되는데, 왜 더 많아진 거지?"

"하지만 그렇게 바꿀 수는 없어."

"왜지?"

"100원짜리가 48개일 때는 900원이나 1900원을 지불할 수 있어. 하지만 1000원짜리 세 장, 500원짜리 세 개, 100원짜리 세 개로는 이 금액을 지불할 수 없거든."

셈짱이 단호하게 말했다. 리나는 무슨 말인지 알겠다는 듯 싱긋 웃었다.

두 사람의 대화를 가만히 듣고 있던 리퀴드몬은 "내가 졌다."

하고 힘없이 말하고는 자신의 투명한 몸통의 뚜껑을 열었다. 순간 리퀴드몬의 몸속에 있던 여러 종류의 음료수들이 쏟아져 나왔다. 두 사람은 닥치는 대로 음료수를 잡아 뚜껑을 열어 원샷! 이제야 두 사람은 건빵으로 메마른 목을 촉촉하게 적실 수 있었다.

"리나, 팩토리얼이 뭔지 알아?"

셈짱이 물었다.

"처음 들어보는데?"

리나가 고개를 갸웃거렸다.

"1, 2가 적힌 두 장의 카드가 있다고 해 봐. 이 카드를 한 번씩만 사용하여 만들 수 있는 두 자릿수는 모두 몇 가지일까?"

"12와 21이 가능하니까 두 가지겠지."

"좋아. 그럼 1, 2, 3이 적힌 세 장의 카드를 한 번씩만 사용하여 만들 수 있는 세 자리 정수는 모두 몇 가지일까?"

"123, 132, 213, 231, 312, 321이 가능하니까 여섯 가지."

"그럼 1, 2, 3, 4가 적힌 네 장의 카드를 한 번씩만 사용하여 만들 수 있는 네 자릿수는 모두 몇 가지일까?"

"너무 복잡해지잖아?"

리나가 투덜댔다.

"규칙을 찾으면 돼. 네 자릿수는 □□□□가 돼. 첫 번째 빈칸에 올 수 있는 수는 1, 2, 3, 4 중의 한 가지이니까 네 가지가 가능해. 두 번째 빈칸에는 첫 번째 빈칸에 들어간 수는 올 수 없으니까 두 번째 빈칸에 수를 채우는 방법은 세 가지야. 마찬가지로 세 번째 빈칸에는 첫 번째, 두 번째 빈칸에 들어간 수는 올 수 없으니까 세 번째 빈칸을 채울 수 있는 방법은 두 가지야. 마지막 빈칸에는 첫 번째, 두 번째, 세 번째 빈칸에 들어간 수는 올 수 없으니까 네 번째 빈칸을 채우는 방법은 한 가지가 돼. 그러니까 경우의 수를 구하는 곱셈의 법칙을 쓰면 네 개의 빈칸을 모두 채우는 방법의 수는

$$4 \times 3 \times 2 \times 1$$

이 되는데 이것을 '4!'이라고 쓰고 '4 팩토리얼'이라고 읽어. 팩토리얼 기호는 1808년 프랑스의 수학자인 크람프가 처음 사용했어."

셈짱은 이렇게 말하고는 1!부터 10!까지를 빠른 속도로 계산한 내용을 리나에게 보여 주었다.

$$1! = 1$$

$$2! = 1 \times 2 = 2$$

$$3! = 1 \times 2 \times 3 = 6$$

$$4! = 1 \times 2 \times 3 \times 4 = 24$$

$$5! = 1 \times 2 \times 3 \times 4 \times 5 = 120$$

$$6! = 1 \times 2 \times 3 \times 4 \times 5 \times 6 = 720$$

$$7! = 1 \times 2 \times 3 \times 4 \times 5 \times 6 \times 7 = 5,040$$

$$8! = 1 \times 2 \times 3 \times 4 \times 5 \times 6 \times 7 \times 8 = 40,320$$

$$9! = 1 \times 2 \times 3 \times 4 \times 5 \times 6 \times 7 \times 8 \times 9 = 362,880$$

$$10! = 1 \times 2 \times 3 \times 4 \times 5 \times 6 \times 7 \times 8 \times 9 \times 10 = 3,628,800$$

"우와! 수가 어마어마하게 커지는데?"

리나가 깜짝 놀란 얼굴로 말했다.

"점점 큰 수를 곱하기 때문이야."

셈짱이 간단하게 대답했다.

"그럼 0!은 뭐야?"

리나가 다시 물었다.

"그건 팩토리얼의 성질을 알아야 해. 어떤 수의 팩토리얼은 그 수와 그 수보다 1 작은 수의 팩토리얼의 곱과 같아. 이 성질은 18세기의 수학자 오일러가 처음 알아냈지. 그러니까 10! = 10 × 9!이지. 이것을 0은 1보다 1 작은 수이니까 1!에 적용하면 1! = 1 × 0!이 돼. 그러니까 0!의 값은 바로 1이야."

셈짱이 친절하게 설명했다.

스탬프 쇼쇼쇼!

모스 부호

두 사람은 원뿔 모양으로 생긴 건물 안으로 들어갔다. 건물 안은 텅 비어 있었다.

"무슨 게임 랜드가 이래? 건물마다 폐허처럼 아무것도 없으니 말이야."

리나가 투덜댔다.

"뭔가 또 나올지 모르니까 경계를 늦추지 마."

셈짱이 긴장한 목소리로 말했다.

그때 갑자기 하늘에서 스탬프 모양의 세 몬스터가 두 사람을 향해 날아왔다. 몬스터는 다리가 없고 군밤 모양으로 생겼으며

동그란 바닥에는 각각 0, 1, 2라는 숫자가 씌어 있었다.

"우린 스탬프몬 0, 1, 2야. 나는 가장 큰형인 스탬프몬 2야."

숫자 2가 바닥에 새겨진 스탬프몬이 말했다.

"여긴 뭐하는 곳이지?"

셈짱이 물었다.

"조금만 기다려……."

스탬프몬 2는 이렇게 말하더니 "조옹조옹조옹이!" 하고 주문을 외웠다. 그러자 두 사람이 누워도 될 정도로 커다란 흰 종이가 바닥에 떨어졌다.

"스탬프 쇼!!"

스탬프몬 2가 소리쳤다. 순간 세 스탬프몬이 바닥을 향해 돌진하자 흰 종이에 111, 112, 120 등과 같은 세 자릿수가 찍혔다.

"우린 잉크 없이도 영원히 사용할 수 있는 마법의 스탬프몬이야. 우리는 서로 힘을 합쳐 세 자리 숫자를 만드는 게 취미지. 111처럼 스탬프몬 1이 세 번 찍을 수도 있고 112처럼 스탬프몬 1이 두 번 찍고 그 다음에 스탬프몬 2가 한 번 찍을 수도 있어. 자! 그렇다면 문제를 내지. 우리 스탬프몬이 이런 식으로 만들 수 있는 세 자릿수는 모두 몇 개인지 알아맞혀 봐. 못 맞히면 너희들의 온

몸은 스탬프 자국으로 도배될 거야."

스탬프몬 0이 말했다.

"숫자 문신으로 도배된다고?"

리나가 황급히 자신의 손을 뒤로 가리며 말했다. 자신의 고운 피부에 지저분한 숫자들이 새겨진다고 생각하니 소름이 끼쳤다.

"간단한 문제였군."

셈짱이 자신만만하게 말했다.

"아는 문제야?"

"간단하게 해결할 수 있을 거 같아. 세 자릿수는

☐☐☐

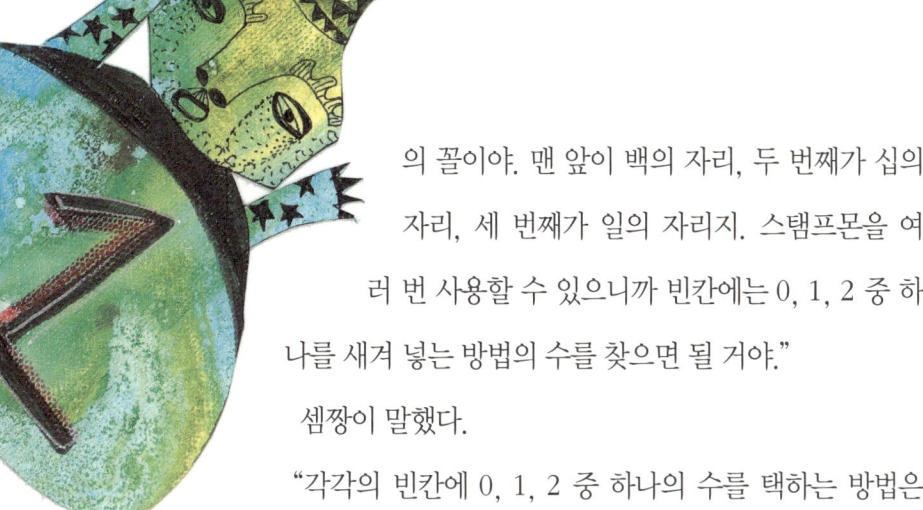

의 꼴이야. 맨 앞이 백의 자리, 두 번째가 십의 자리, 세 번째가 일의 자리지. 스탬프몬을 여러 번 사용할 수 있으니까 빈칸에는 0, 1, 2 중 하나를 새겨 넣는 방법의 수를 찾으면 될 거야."

셈짱이 말했다.

"각각의 빈칸에 0, 1, 2 중 하나의 수를 택하는 방법은 세 가지니까 전체 경우의 수는

$$3 \times 3 \times 3 = 27(가지)$$

이 되겠군."

리나가 어깨를 으쓱거리며 자신 있게 말했다.

"아니야. 맨 앞자리에는 0이 올 수 없잖아? 012와 같은 수를 세 자릿수라고 하지는 않으니까."

"그렇구나. 그럼 맨 앞자리에는 1 또는 2가 올 수 있으니까 맨 앞자리에 스탬프몬이 수를 새겨 넣는 방법은 두 가지가 되겠어. 하지만 십의 자리나

일의 자리에는 0이 올 수 있으니까 십의 자리나 일의 자리를 수로 채우는 방법은 세 가지가 되고."

"맞아. 그러니까 가능한 세 자릿수는

2×3×3=18(가지)

이 돼."

셈짱이 리나를 보고 빙긋 웃으며 말했다.

"리나, 모스 부호가 뭔지 알아?"

셈짱이 무슨 생각이 떠오른 듯 리나의 눈을 똑바로 쳐다보며 물었다.

"그게 뭔데?"

리나가 되물었다.

"모스 부호란 짧은 전류(·)와 긴 전류(-)를 적절히 조합하여 알파벳을 표기해 신호를 보내는 것을 말하는데 미국의 발명가 모스가 처음 고안했고, 1844년에 최초로 미국의 볼티모어와 워싱턴 D.C. 사이의 전신 연락에 사용되었어. 짧은 전류(·)와 긴 전류(-)를 한 개씩 뽑아 만들 수 있는 신호는 두 가지야. 즉, ·과 −가 되지. 또 ·−−나 ···−처럼 중복을 허용하여 세 개를 나열해 만들 수 있는 신호의 수는 여덟 가지가 돼."

"왜 여덟 가지야?"

"□□□ 안에 · 또는 −가 들어간다고 해 봐. 첫 번째 빈칸에 · 또는 −가 들어가는 경우의 수는 두 가지, 두 번째 빈칸에 · 또는 −가 들어가는 경우의 수는 두 가지, 마지막 빈칸에 · 또는 −가 들어가는 경우의 수 역시 두 가지니까 곱셈의 법칙에 의해 전체 경우의 수는

$$2 \times 2 \times 2 = 8 (가지)$$

이 돼. 마찬가지로 ·−−−이나 −·−·처럼 중복을 허용하여 네 개를 나열해 만들 수 있는 신호의 수는 $2 \times 2 \times 2 \times 2 = 16$(가지)이 돼. 그럼 지금까지 모두 몇 가지 신호가 만들어졌지?"

"2+8+16=26(가지)."

"영어 알파벳은 모두 몇 개지?"

"26개."

"그러니까 ·과 −를 네 개까지 사용하여 알파벳을 모두 나타

낼 수 있어."

셈짱은 이렇게 말하고는 다음과 같이 모든 알파벳을 모스 부호에 대응시켰다.

문자	A	B	C	D	E	F
부호	.-	-...	-.-.	-..	.	..-.
문자	G	H	I	J	K	L
부호	--.	....	..	.---	-.-	.-..
문자	M	N	O	P	Q	R
부호	--	-.	---	.--.	--.-	.-.
문자	S	T	U	V	W	X
부호	...	-	..-	...-	.--	-..-
문자	Y	Z				
부호	-.--	--..				

"리나, 내가 보내는 모스 부호를 해석해 봐."

셈짱은 이렇게 말하고는 마법 칠판에 다음과 같이 적었다.

..-. | --- | --- | .-..

리나가 조심스럽게 모스 부호를 알파벳에 대응시켰더니 FOOL

을 나타냈다.

"뭐야? 나를 바보 취급하는 거야?"

리나가 언성을 높였다.

"그게 아니라…… 하나의 예를 들어 본 것뿐이야."

셈짱이 기어들어가는 목소리로 얼버무렸다. 하지만 리나는 입을 샐쭉 내밀고 여전히 화가 풀리지 않은 얼굴로 셈짱을 노려보았다.

"리나, 미안! 다른 문제를 낼게."

셈짱은 다급하게 마법 칠판에 다음과 같이 썼다.

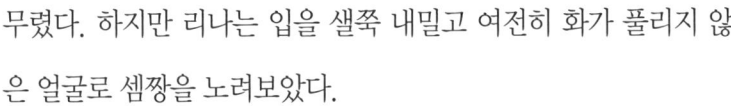

리나는 다시 모스 부호를 알파벳에 대응시켰다. 이번에는 BEAUTY가 되었다.

"미녀! 그래, 진작 그렇게 불렀어야지."

리나는 어깨를 으쓱거렸다. 이제야 화가 풀린 듯 보였다.

"셈짱, 이상한 게 있어."

"뭐가?"

"세 장의 카드 중에서 같은 수가 있는 경우의 문제야. 예를 들어 1, 1, 2 세 장이 있다고 해 봐. 이 세 장의 카드로 만들 수 있는 세 자릿수는 몇 가지가 되는 거지? 셈짱이 가르쳐 준 대로 하면 3!＝6(가지)이 되어야 하는 거 아니야? 그런데 아무리 만들어 봐도 세 가지밖에 안 나와."

리나는 고개를 갸웃거리고는 마법 칠판에 다음과 같이 세 개의 세 자릿수를 적었다.

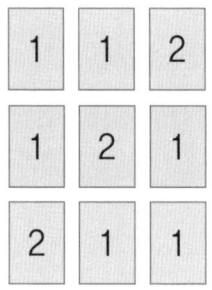

"같은 것이 있을 때는 간단하게 3! 가짓수가 되지 않아."

셈짱이 빙긋 웃으며 말했다.

"왜지?"

"두 장의 1이 적힌 카드를 서로 다른 것으로 생각해 봐. 예를 들어 빨간색 1과 파란색 1로 바꾸고 두 개의 1을 서로 다른 것으로 취급하면 가능한 수는 다음과 같이 여섯 가지야."

셈짱은 이렇게 말하고는 다음과 같이 여섯 개의 수를 마법 칠판에 적었다.

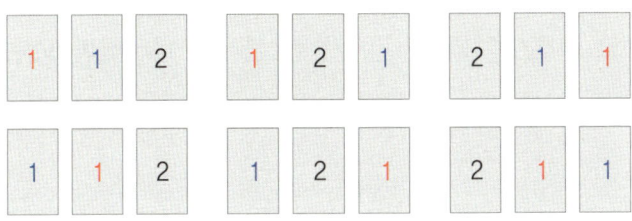

"윗줄과 아랫줄은 1의 색깔을 구분하지 않으면 완전히 같은 세 자릿수를 나타내지? 두 개의 1이 구별되면 6개의 세 자릿수가 나오는데 두 개의 1을 구별할 수 없고 같은 것으로 취급하면 두 개씩 같아지니까 그때의 경우의 수는

$$\frac{6}{2} = 3(가지)$$

이 되는 거야."

셈짱이 설명했다.

"그럼 3!을 같은 수가 적혀 있는 카드의 수로 나누면 되는 거구나."

리나가 확신에 찬 표정으로 말했다.

"그렇게 성급하게 결론을 내릴 수는 없어. 같은 것이 세 개 있을 때를 조사해 봐야 해. 예를 들어 1이 적힌 카드가 세 장이고 2가 적힌 카드가 한 장인 경우를 생각해 봐. 세 개의 1을 서로 다른 색으로 구별했을 때 모든 가능한 경우를 나열하면 모두 4! = 24(개)의 네 자릿수가 만들어질 거야.

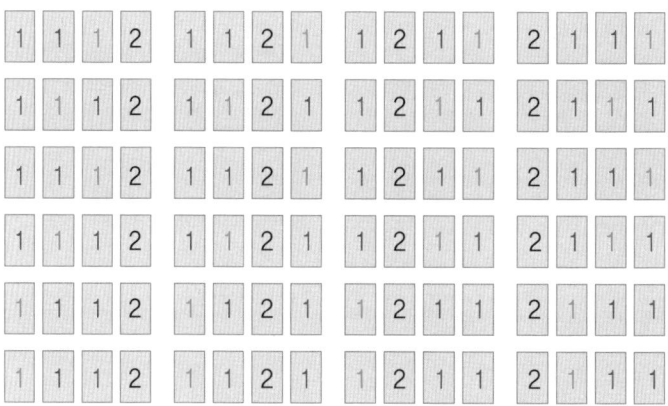

이제 색깔이 다른 1을 모두 같은 것으로 취급하면 두 번째 줄부터 여섯 번째 줄까지는 첫 번째 줄과 같은 수를 나타내잖아? 그렇다면 세 개의 1을 구별했을 때는 24개의 수가 나오지만 세 개의 1

을 같은 것으로 취급하면 6개씩 같아지니까 그때 경우의 수는

$$\frac{24}{6} = 4(가지)$$

가 돼."

셈짱은 이렇게 말하고는 지금까지의 결과를 정리했다.

전체 카드 수	같은 수가 적힌 카드 수	경우의 수
3	2	$\frac{6}{2}$
4	3	$\frac{24}{6}$

이것을 팩토리얼로 나타내자 다음과 같이 되었다.

전체 카드 수	같은 수가 적힌 카드 수	경우의 수
3	2	$\frac{3!}{2!}$
4	3	$\frac{4!}{3!}$

"그러니까 전체 카드 수의 팩토리얼을 같은 수가 적힌 카드 수의 팩토리얼로 나누면 되는구나."

리나가 이제야 이해한 듯 신이 난 표정으로 말했다. 셈짱은 말 없이 입가에 엷은 미소를 지으며 고개를 끄덕였다.

스파이더몬의 거미줄 쇼

파스칼의 삼각형

 두 사람은 거미 모양으로 생긴 건물로 다가갔다. 거미의 입처럼 생긴 입이 징그러워 보였다.

"이거 혹시 죽은 체하고 있는 초대형 거미 아니야?"

리나가 얼굴을 찡그리며 물었다.

"그럴 리가? 건물을 만든 사람이 거미 마니아인가 보지."

셈짱이 대수롭지 않은 듯 말했다.

두 사람은 조용히 거미의 입처럼 생긴 입구로 들어갔다.

덜커덩~

열려 있던 거미 입이 닫히고 사방이 어두컴컴해졌다.

"거미가 입을 닫았어! 살아 있었던 거야."

리나가 울먹거렸다.

"침착해! 그냥 건물일 뿐이야. 리나, 마법으로 불을 비춰 줘."

셈짱의 목소리도 약간 떨고 있었다.

리나는 주문을 외워 반딧불들을 불렀다. 여러 마리의 반딧불들이 건물 안을 밝게 비춰 주었다. 다른 건물과 마찬가지로 안에는 가구 한 점 없었다. 그리고 인기척도 없었다. 두 사람은 반딧불을 따라 천천히 건물 안으로 들어갔다.

"으악!"

리나가 비명소리를 냈다.

"무슨 일이야."

셈짱이 리나에게 황급히 다가갔다. 리나의 온몸이 거미줄로 친친 감겨 있었다.

"으앙! 거미가 있나 봐."

리나가 울음보를 터뜨렸다. 셈짱은 리나의 등을 토닥거리며 달래 주었다.

갑자기 건물 안이 환하게 밝아지더니 거미줄로 만든 옷을 입고 있는 스파이더맨처럼 생긴 몬스터가 나타나 두 사람을 노려

보며 말했다.

"나는 스파이더몬! 나와의 게임은 간단하다. 우선 나의 거미줄 쇼를 봐라."

스파이더몬이 벽과 벽 사이를 날아다니면서 거미줄로 다음과 같은 모양을 만들었다.

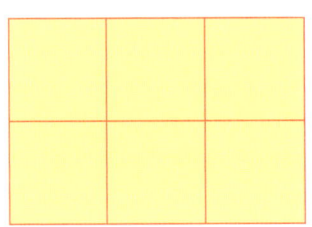

"이 도형 안에 있는 사각형은 모두 몇 개인가?"

스파이더몬이 거미줄을 타고 두 사람 앞으로 다가와 징그럽게 웃으며 말했다.

"일일이 헤아려 보면 되지 않을까?"

리나가 가볍게 툭 내뱉었다.
"한번 해 봐."
셈짱이 싱긋 웃으며 말했다.
"우선 가장 작은 사각형은 다음과 같이 여섯 가지야.

두 칸으로 이루어진 옆으로 길쭉한 사각형은 다음과 같이 네 가지이고,

두 칸으로 이루어진 세로로 길쭉한 사각형은 다음과 같이 세 가지야.

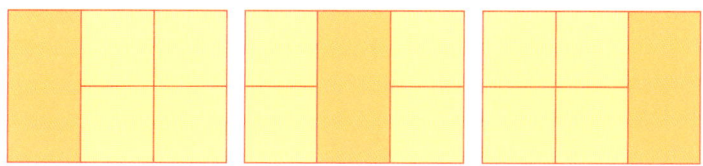

세 칸으로 이루어진 사각형은 다음과 같이 두 가지야.

네 칸으로 이루어진 정사각형은 다음과 같이 두 가지이고,

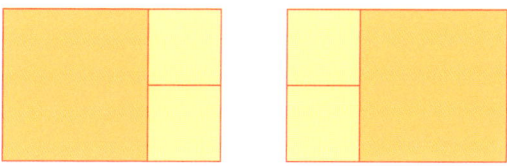

마지막으로 여섯 칸으로 이루어진 사각형은 아래와 같이 한 가지야.

따라서 전체 사각형의 개수는 $6+4+3+2+2+1=18$(개)이야."

리나가 마법 칠판에 그림을 그리며 상세하게 설명했다.

"브라보! 정답이야."

셈짱이 리나 혼자서 문제를 해결한 것을 칭찬해 주었다. 그러고는 들떠 있는 리나의 눈치를 슬쩍 살피더니 다시 말을 이었다.

"하지만 이렇게 직접 헤아리지 않고도 사각형의 개수를 셀 수 있어."

"어떻게?"

리나가 고개를 갸우뚱거렸다.

"우선 다음 그림과 같이 가로줄에는 A, B, C라고 이름을 붙이고 세로줄에는 1, 2, 3, 4라고 이름을 붙여 봐.

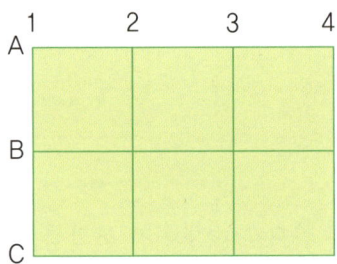

사각형은 서로 평행하는 네 개의 변으로 이루어져 있거든. 그러니까 네 개의 세로줄 중에서 두 개를 택하고, 세 개의 가로줄 중에

서 두 개를 택하면 사각형이 한 개 만들어져. 예를 들어 세로줄 2, 4를 택하고 가로줄 B, C를 택하면 다음과 같은 사각형이 나오지.

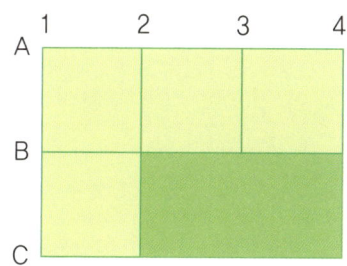

그런데 A, B, C 세 개 중에서 두 개를 뽑는 방법은

A B, A C, B C

의 세 가지가 되고, 1, 2, 3, 4 네 개의 수 가운데서 두 개를 뽑는 방법은

1 2, 1 3, 1 4, 2 3, 2 4, 3 4

의 여섯 가지니까 사각형의 개수는 $3 \times 6 = 18$(개)이 되는 거야."

셈짱이 긴 설명을 마쳤다.

"뽑기만 하는 경우는 뽑아서 일렬로 세우는 경우의 수보다 작구나."

리나가 새로운 것을 발견한 듯한 표정으로 말했다.

"물론이야. 1, 2, 3에서 세 개를 뽑아 일렬로 배열하는 경우의 수 3!은 여섯 가지이지만 뽑기만 하는 경우는 한 가지가 되니까. 이렇게 뽑기만 할 때의 경우의 수를 구하는 아주 쉬운 방법이 있어."

"뭔데?"

"파스칼의 삼각형을 이용하는 거야."

"어떻게?"

리나가 눈을 반짝거리며 물었다. 셈짱은 말없이 리나에게 미소를 짓더니 마법 칠판에 파스칼의 삼각형을 그렸다.

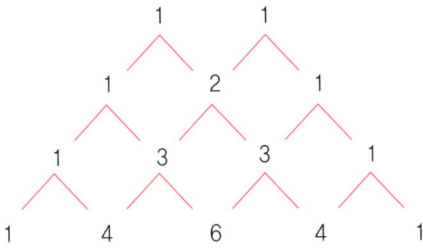

그러고는 다시 말을 이었다.

"첫 번째 줄은 한 개에서 뽑을 때의 경우의 수야. 첫 번째 수 1은 한 개의 수에서 0개를 뽑는 경우의 수가 한 가지라는 것을 나타내고, 두 번째 수 1은 한 개에서 한 개를 뽑는 경우의 수가 한 가지라는 것을 나타내. 두 번째 줄의 1, 2, 1은 각각 두 개의 수에서 0개를 뽑는 경우의 수, 한 개를 뽑는 경우의 수, 두 개를 뽑는 경우의 수를 나타내. 같은 방식으로 세 번째 줄의 1, 3, 3, 1은 세 개의 수에서 0개를 뽑는 경우의 수, 한 개를 뽑는 경우의 수, 두 개를 뽑는 경우의 수, 세 개를 뽑는 경우의 수를 각각 나타내지."

"파스칼의 삼각형은 정말 신기한 능력을 가지고 있네."

리나가 감탄한 표정으로 말했다.

도브몬과 스무 컬레의 양말

비둘기집 원리

이번에 두 사람이 들어간 곳은 비둘기처럼 생긴 건물이었다. 건물 안은 어둠침침했다.

"이번엔 또 어떤 몬스터가 나올까?"

리나가 몹시 궁금하다는 표정으로 물었다.

"누구든 상관없어. 셈짱이 가는 길을 누가 막을 수 있겠어?"

셈짱이 으스대며 말했다.

그때 갑자기 구슬픈 비둘기 울음소리가 들려왔다.

"구구구구 구구구구~"

소리가 나는 곳을 보니 비둘기 머리에 사람의 몸통을 가진 몬

스터였다.

"구구구구~ 내 이름은 도브몬이다. 게임을 시작하자."

도브몬은 부리 모양의 입을 크게 벌리며 말했다. 그러더니 갑자기 불이 꺼지면서 두 사람 쪽으로 무언가가 떨어졌다. 셈짱은 손으로 만져보고 그것이 양말임을 확인했다.

"웬 양말?"

셈짱이 고개를 갸웃거렸다.

"양말에 관한 문제다. 지금 너희들 주위에는 양말이 스무 켤레 있다. 열 켤레는 똑같은 모양의 흰색이고, 나머지 열 켤레는 똑같은 모양의 빨간색이다. 양말은 오른쪽과 왼쪽의 구별이 없다고 할 때 같은 색의 양말 한 켤레를 만들기 위해 최소로 필요한 양말을 집어라."

도브몬이 문제를 냈다.

"무조건 많이 집으면 되는 거 아니야?"

리나가 어둠속에서 말했다.

"최소라는 말이 있잖아."

셈짱이 심각한 어조로 말했다.

"그럼 두 개를 꺼내면 되겠네."

"두 개를 꺼내면 안 돼. 두 개가 색이 다를 수 있잖아?"

"그럼 몇 개?"

"답은 세 개야."

"그건 왜지?"

"두 종류의 양말이 있으니까 여기서 2보다 큰 수의 양말을 꺼내면 그 속에는 반드시 같은 색의 양말이 존재하게 돼. 이것을 '비둘기집의 원리'라고 해."

"잘 이해가 안 돼."

리나가 고개를 갸웃거렸다.

"세 개의 양말을 꺼냈을 때 나오는 경우의 수는 다음과 같이 네 가지 중의 하나야.

(1) 흰색 3

(2) 흰색 2, 빨간색 1

(3) 흰색 1, 빨간색 2

(4) 빨간색 3

모든 경우가 같은 색의 양말 한 켤레를 만들 수 있잖아?"

"그렇구나."

리나가 고개를 끄덕거렸다. 셈짱은 어둠 속에서 아

무렇게나 세 개의 양말을 집어 들고는 소리쳤다.

"문제를 해결했어요."

그러자 불이 다시 환하게 켜졌다. 셈짱의 손에는 빨간색 양말 두 개와 흰색 양말 하나가 쥐어져 있었다.

"이런! 내가 졌다."

도브몬은 이렇게 말하고는 사라졌다. 잠시 후 불이 어두워졌다 밝아졌다를 여러 번 반복하더니 두 사람은 어느 틈에 건물 밖으로 나와 있었다.

"그런데 왜 비둘기집의 원리라고 부르는 거지?"

리나가 눈을 깜빡거리며 물었다.

"1834년에 독일의 수학자 디리클레가 처음으로 이 문제를 제기했어. 그 당시에는 '서랍 원리' 또는 '디리클레 원리'라고 불리다가 가장 대표적인 예가 비둘기 문제여서 비둘기집 원리라고 불리게 된 거지."

"비둘기 문제가 뭔데?"

"비둘기 세 마리를 두 개의 비둘기집 A, B에 넣는 경우, 반드시 한 집에 두 마리 이상의 비둘기가 들어가야 한다는 걸 말해."

"그건 왜지?"

"간단해. 비둘기 세 마리가 두 개의 집에 들어가는 방법은 다음과 같아.

비둘기집 A	비둘기집 B
0마리	3마리
1마리	2마리
2마리	1마리
3마리	0마리

어떤 경우든 두 마리 이상의 비둘기가 들어간 비둘기집이 생기잖아?"

"그렇구나."

"일반적으로 비둘기집 원리는 n마리의 비둘기가 m개의 비둘기집에 들어가 있고, n이 m보다 크면 두 마리 이상의 비둘기가 들어가는 비둘기집이 적어도 하나는 존재한다고 말해. 다시 말해서 m개의 비둘기집에 한 번에 한 마리씩 비둘기를 넣으면 최대 m마리가 들어갈 수 있으므로 거기에 한 마리를 더 넣으려면 이미 넣은 곳에 한 마리를 더 넣어야 한다는 거지."

셈짱이 긴 설명을 마쳤다.

게임 백작과 수학의 신전

확률

이렇게 하여 두 사람은 눈에 보이는 모든 건물에 모두 들어갔다가 나오는 데 성공했다. 두 사람은 건물이 모두 보이는 광장 한복판에서 게임 랜드의 전경을 감상했다.

"이제 어디로 가지?"

리나가 불안에 휩싸인 얼굴로 물었다.

"게임 백작을 만나야지."

셈짱이 말했다.

"하지만 더 이상 건물이 없잖아?"

"그건 그래. 조금만 기다려 보자."

두 사람은 지친 몸을 쉬기 위해 바닥에 철퍼덕 주저앉았다. 하늘이 붉게 물들면서 어두워져 가고 있었다. 붉은 노을 속에서 게임 랜드의 신비로운 건물들은 더욱더 신비감을 자랑했다.

그때였다. 하늘에서 붉은 노을이 점점 짙어져 붉은 연기처럼 변하더니 건물 전체를 에워싸기 시작했다. 연기는 점점 자욱해져 순식간에 건물들이 눈앞에서 사라졌다. 연기는 두 사람 앞에서 다시 기둥처럼 치솟더니 점점 사람의 모습으로 변하기 시작했다. 잠시 후 연기가 사라지더니 그 자리에 콧수염이 팔자 모양으로 난 중년의 사내가 모습을 드러냈다.

"내가 게임 백작이다. 게임 랜드의 모든 건물을 통과하다니, 정말 대단한 녀석들이군. 역사적으로 이런 적은 한 번도 없었는데 말이야."

백작이 굵직한 목소리로 말했다. 짙은 눈썹과 큰 눈 때문에 카리스마가 넘쳐 보이는 인상이었다. 셈짱은 게임 백작의 말이 약간의 칭찬으로 들려 어깨가 들썩거렸다. 하지만 곧 백작의 위엄에 기가 죽어 아무 말도 못하고 그의 얼굴만 바라보았다. 그러다가 두 주먹을 불끈 쥐고 용기를 내어 백작에게 말했다.

"수학의 신전이 어디 있는지 알려 주세요."

"겁 없는 녀석들. 그곳이 어딘 줄 알고 너희 같은 조무래기들이 가려고 하는 거냐? 그곳은 네 명의 위대한 기사들이 지키고 있어 아무나 들어갈 수 없는 곳이다. 네 명의 기사들과 수학 대결에서 이기기도 쉽지 않을 뿐 아니라 대결에 지게 되면 그들로부터 무서운 공격을 받게 될 거야. 그러니까 일찌감치 포기하고 집으로 돌아가는 게 좋을 거다!"

백작이 음흉하게 웃으며 말했다.

"꼭 가야 해요. 우리에겐 최초의 수학책이 필요하단 말이에요."

셈짱이 목에 핏대를 세우고 말했다.

"이놈 성격 한번 대단하구만. 기차 화통을 삶아 먹었나? 목소리는 왜 이리도 큰 거야?"

백작이 손으로 귀를 막으며 괴로운 표정을 지었다. 그러고는 다시 말을 이었다.

"좋아! 나와의 대결에서 이긴다면 수학의 신전이 있는 곳을 알려 주지."

"좋아요. 빨리 문제나 내 주세요."

셈짱이 자신만만한 목소리로 말했다.

"영몬, 미몬, 브몬, 일몬, 한몬 이렇게 다섯 몬스터가 서로 팔씨름을 했다. 한 번 팔씨름을 한 상대와는 다시 하지 않는다고 할 때 영몬은 네 번, 미몬은 세 번, 브몬은 두 번, 일몬은 한 번 게임을 했다. 그렇다면 한몬은 몇 경기를 했으며 누구와 했는지 맞혀 보거라."

백작이 입가에 어두운 미소를 지으며 말했다.

"그림을 그리면 되겠군요."

셈짱이 싱글벙글 웃으며 말했다. 정답을 확신하는 눈치였다.

"어떻게?"

옆에서 두 사람의 대화를 가만히 듣고 있던 리나가 셈짱에게 물었다.

"그림으로 문제를 풀면 돼. 우선 다섯 몬스터를 점으로 표시해 봐.

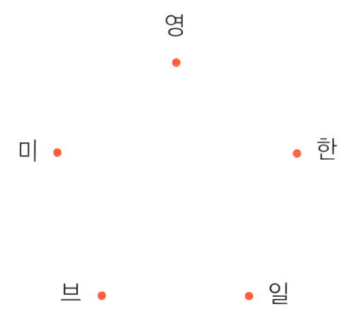

영몬은 네 게임을 치렀으니까 네 몬스터와 팔씨름을 한 거지. 두 사람이 팔씨름한 것을 두 점을 잇는 선분으로 나타내면 다음과 같아.

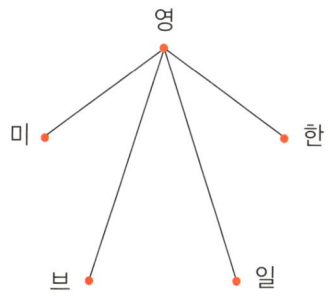

미몬은 세 게임을 했으니까 브몬, 한몬과 선을 연결하면 돼.

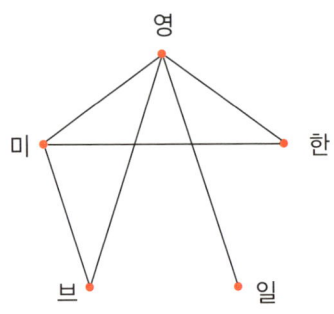

어때? 이제 좀 이해가 되니?"
"미몬이 일몬과 팔씨름을 했을 수도 있잖아?"
"그건 안 돼. 일몬은 한 게임만 치렀다고 했으니까 더 이상 선을 연결할 수 없어."
"그렇구나."
"이제 다 됐어. 그림에서 보면 브몬은 두 게임, 일몬은 한 게임 치른 게 맞지? 그러니까 한몬은 두 게임을 치른 거야. 미몬과 한 판, 그리고 영몬과 한 판."

셈짱이 싱긋 웃으며 말했다.

"대단한 녀석들이군!"

게임 백작이 혀를 끌끌 차며 말했다.

"수학의 신전은 어디에 있죠?"

셈짱이 두 손을 허리춤에 대고 당당하게 물었다.

"좋아, 내가 졌으니까 너희들을 수학의 신전에 데려다 주마."

게임 백작은 다소 풀 죽은 목소리로 말하더니 지팡이로 땅을 내리쳤다. 순간, 게임 랜드의 모든 건물이 사라지고 세 사람은 반짝거리는 기다란 계단 위에 서 있었다. 짙은 핑크빛 엷은 구름층이 계단 아래쪽에 있어 계단의 끝이 어디인지 보이지 않았다.

"이 계단을 따라가면 수학의 신전이 나타날 거다."

게임 백작은 이렇게 말하고는 지팡이를 타고 하늘 위로 날아갔다. 이제 계단 위에는 두 사람만이 남아 있었다.

"계단이 공중에 떠 있는 것 같아."

리나가 부들부들 떨면서 말했다.

"일단 내려가 보자."

셈짱은 억지로 태연한 척했다. 셈짱이 앞장서고 리나가 조심스럽게 셈짱의 뒤를 따라 계단을 내려갔다.

휘~잉

강한 바람이 부는 소리가 들리더니 계단이 마구 흔들리기 시작했다.

"으악!"

리나가 비명을 질렀다.

"날 꽉 잡아."

셈짱이 계단을 밟고 있는 두 다리에 힘을 꽉 주고는 등 뒤에 대고 말했다. 계단은 좌우로 크게 진동하기 시작했다.

"떨어질 것 같아."

리나가 절규에 가까운 소리로 말했다.

"버텨야 해!"

셈짱의 목소리도 떨리고 있었다.

순간 강한 돌풍이 불더니 계단이 분리되면서 두 사람은 무시무시하게 빠른 속력으로 끝없이 아래로 추락하기 시작했다. 두 사람은 새파랗게 질린 얼굴로 모든 것을 체념한 듯 눈을 질끈 감았다.

"살려줘!"

리나의 입에서 저도 모르게 비명소리가 새어 나왔다. 하지만 두 사람의 낙하는 계속되었고 속력은 점점 더 빨라졌다. 한참을 그렇게 내려간 후에 갑자기 두 사람이 떨어져 내려가는 속력이

감소하더니 공중에 붕 떠 있는 상태가 되었다가 어딘지 모를 땅에 서서히 떨어져 내렸다. 발바닥에 닿는 충격은 그다지 크지 않았다.

"어떻게 된 거지?"

셈짱이 그제야 눈을 뜨고 주위를 둘러보았다. 리나도 안정이 된 듯 눈을 뜨고는 조심스럽게 주위를 살펴보았다.

수학 신전을 지키는 불과 물 몬스터

세 자릿수

"이게 뭐야?"

리나가 투덜댔다.

두 사람의 눈앞에 거대한 원통 모양의 벽돌 건물만 덩그러니 서 있는 황량한 곳이 나타났다. 주위에는 잔잔한 바람이 불고 있고 하늘은 짙은 안개로 뒤덮여 있었다. 원통 건물은 높이가 100미터 정도였고, 동서남북으로 난 네 개의 문이 있었다.

"일단 동쪽 문으로 가 보자."

셈짱이 침착하게 말했다.

두 사람은 원형 벽을 돌아서 동쪽 문에 다다랐다. 높이가 2미터

정도 되어 보이는 문은 굳게 닫혀 있었다.

"수학의 신전을 찾아왔다고?"

갑자기 문에서 소리가 났다.

"누구시죠?"

리나가 의아한 표정으로 물었다. 그러자 문이 열리며 얼굴 대신 불길이 치솟고 있는 희한하게 생긴 몬스터가 나타났다.

"나는 불의 몬스터! 신전의 동쪽 문을 지키고 있지. 너희들이 네 개의 문을 지키는 네 몬스터와의 대결에서 이기면 신전을 볼 수 있을 것이다."

입이 없는데도 불의 몬스터는 쩌렁쩌렁 울릴 만큼 큰 소리로 말했다. 두 사람은 목소리를 내는 곳이 어딘지 궁금해하며 몬스터의 얼굴을 쳐다보았지만 불길밖에는 아무것도 보이지 않았다.

"어떤 대결이든 오케이."

셈짱이 자신만만하게 말했다.

불의 몬스터의 손에서 긴 띠가 나오더니 하늘에서 뱀처럼 춤을 췄다. 긴 띠에는 다음과 같이 씌어 있었다.

1 2 3 4 5 6 7 8 9 10 11 12 13 14 15 16 17 18 19 20 21……

"1부터 차례로 수를 이어서 만든 441자릿수다. 맨 마지막에 오는 수는 얼마인가?"

불의 몬스터가 물었다.

"꼬리를 너무 빨리 흔들어서 잘 안 보여."

리나가 허탈한 표정으로 말했다.

"굳이 보려고 애쓸 필요 없어. 답은 183이야."

셈짱이 가볍게 내뱉었다.

"아니 어떻게 알았지?"

불의 몬스터의 목소리가 부들부들 떨렸다.

"간단하지. 일의 자릿수는 1부터 9까지니까 모두 이어 쓰면 9자리가 돼. 십의 자릿수는 10부터 99까지 90개이고 각각의 수는 두 자리를 차지하니까 십의 자릿수를 모두 이어 쓰면 180자리가 돼. 따라서 1부터 99까지 이어 쓰면 $180 + 9 = 189$(자리)가 되지."

셈짱이 설명했다.

"세 자릿수를 모두 헤아리면 되는 거야?"

리나가 끼어들었다.

"세 자릿수는 100부터 999까지 900개야. 일일이 헤아리기에는 너무 많아."

"그럼 답은 세 자릿수 중의 하나겠네? 그걸 어떻게 구하지?"

리나가 고개를 갸웃거리며 물었다.

"전체가 441자릿수라고 했으니까 441 − 189 = 252가 되거든. 나머지 252자리는 100부터 시작해서 세 자릿수를 이어 붙여 만들면 돼. 세 자릿수는 세 개의 숫자로 이루어져 있으니까 252 ÷ 3 = 84야. 그러니까 84개의 세 자릿수를 사용하면 돼. 100부터 시작해서 84번째의 세 자릿수는 183이잖아? 따라서 답은 183이야."

셈짱이 긴 설명을 마쳤다.

몬스터의 몸뚱아리가 붉게 변하더니 온몸이 불길로 변해 문을 가로막았다. 불길이 너무 거세어 아무래도 동쪽 문으로 들어가는 것은 포기해야 할 것 같았다. 하는 수 없이 두 사람은 원형 벽을 돌아서 남쪽 문으로 갔다.

남쪽 문 역시 열려 있었지만 그 앞에는 코가 호스처럼 생긴 돼지 모습의 몬스터가 서 있었다. 코에서는 어린아이 오줌처럼 조금씩 물이 흘러내리고 있었다.

"나는 물의 몬스터! 남쪽 문 담당이지. 문제를 풀어 봐."

몬스터가 큰 코에 가려져 잘 보이지

세 자릿수 113

않는 입을 벌려 말했다.

"무슨 문제지?"

셈짱이 고개를 빳빳이 세우고 말했다.

물의 몬스터의 코가 벌어지면서 나오던 물이 멈추고 이상한 광선이 뿜어져 나오더니 허공에 다음과 같은 그림이 나타났다.

	가		
나	다	라	마

"저게 뭐지?"

리나가 소리쳤다.

"가, 나, 다, 라, 마에 빨강, 노랑, 파랑, 초록, 보라를 칠하는데 인접한 곳은 같은 색을 칠할 수 없다고 할 때 가능한 방법은 모두 몇 가지인가?"

물의 몬스터가 빠르게 문제를 내뱉었다.

"어떻게 구하지?"

리나가 한 손으로 턱을 괴고는 생각에 잠긴 표정으로 말했다.

"가, 나, 다, 라, 마 순서로 색을 칠하는 방법을 헤아리면 돼. 우선 가는 다섯 가지의 색 중 아무 색이나 칠해도 되니까 가를 칠할 수 있는 방법은 다섯 가지야."

셈짱이 싱긋 웃으며 말했다.

"나를 칠하는 방법도 다섯 가지, 다, 라, 마도 각각 다섯 가지니까 전체 방법의 수는

$$5 \times 5 \times 5 \times 5 \times 5 = 3125(가지)$$

가 되는 건가? 너무 쉬운데?"

리나가 자신의 답을 확신한 듯 큰 소리로 외쳤다.

"하지만 나에 가와 같은 색을 쓸 순 없잖아? 인접한 곳은 서로 다른 색으로 칠해야 한다고 했으니까. 따라서 나에 칠할 수 있는 색의 종류는 다섯 가지가 아니라 네 가지야."

"그럼 $5 \times 4 \times 3 \times 2 \times 1 = 120(가지)$인가?"

리나가 눈을 크게 뜨고 셈짱을 바라보며 동의를 구했다.

"그렇게 간단하지만은 않아. 다는 가, 나와 인접하고 있어. 그러니까 다에는 가, 나와는 다른 색을 칠해야 해. 그러니까 다에 칠할 수 있는 방법은 세 가지야."

"내 말이 맞잖아?"

리나가 눈을 크게 뜨고 소리쳤다.

"그럴까? 나와 라는 인접해 있지 않으니까 나와 라는 같은 색으로 칠해도 돼. 그러니까 라에는 가, 다와 다른 색을 칠하면 되니까 라에 칠하는 방법은 세 가지야. 마지막으로 마만 남았군. 마는 가, 라와 다른 색을 칠하면 되니까 마에 칠하는 방법은 세 가지야. 정리하면 다음과 같지."

가를 칠하는 방법……다섯 가지
나를 칠하는 방법……네 가지
다를 칠하는 방법……세 가지
라를 칠하는 방법……세 가지
마를 칠하는 방법……세 가지

"그러니까 가, 나, 다, 라, 마를 조건에 맞게 색칠하는 방법은

$5 \times 4 \times 3 \times 3 \times 3 = 540$(가지)

이 돼."

셈짱이 긴 설명을 마쳤다.

물의 몬스터는 당황한 눈빛을 지었다. 그의 긴 코에서는 쓰나미처럼 강한 물이 쏟아져 나왔다. 강한 물살 때문에 두 사람은 걸음아 나 살려라 하고 뒤도 돌아보지 않고 도망쳤다.

거대한 회오리바람과 바람의 몬스터

하노이의 탑

원통 벽을 따라 두 사람은 서쪽 문에 다다랐다. 서쪽 문 역시 열려 있었지만 점토로 빚어 만든 것처럼 보이는 몬스터가 나타났다.

"나는 흙의 몬스터다. 서쪽 문 담당이지."

몬스터가 입도 벌리지 않은 채 소리를 냈다.

"너도 문제를 낼 거지? 어서 내 봐."

셈짱이 먼저 기선제압을 했다.

"성질이 급하군."

흙의 몬스터는 이렇게 말하고는 두 사람 앞에 세 개의 상자를

내려놓았다. 상자에는 가, 나, 다라고 씌어 있었다.

"상자 가에는 한 개의 구슬이 들어 있고, 상자 나에는 두 개의 구슬이, 상자 다에는 세 개의 구슬이 들어 있어. 구슬을 한 번에 여러 개 꺼내도 되지만 반드시 한 번에 하나의 상자에서만 꺼내야 해. 마지막 구슬을 꺼내게 되는 사람이 지는 거야."

흙의 몬스터가 단조로운 목소리로 말했다.

"좋아! 네가 먼저 해!"

셈짱이 오른손을 내밀며 정중하게 말했다.

"그러지."

흙의 몬스터는 투박한 목소리로 대답하고는 상자 가에서 한 개의 구슬을 꺼냈다. 셈짱은 리나에게 싱긋 미소를 지으며 상자 다에서 한 개의 구슬을 꺼냈다. 이제 상자 나와 다에 두 개씩의 구슬이 들어 있었다. 흙의 몬스터는 조금 망설이는 듯하더니 상자 나에서 구슬 한 개를 꺼냈다. 그러자 셈짱은 승리의 브이 자를 손으로 쥐어 보이면서 상자 다에서 두 개의 구슬을 꺼냈다. 이제 구슬은 상자 나에 한 개뿐이었다. 하는 수 없이 흙의 몬스터가 벌레 씹은 얼굴로 상자 나에서 구슬을 꺼냈다. 셈짱의 승리였다. 이런 식으로 매번 게임을 할 때마다 셈짱이 이기자 흙의 몬스터는 자신의 패배를 인정하고 셈짱에게 힘없는 목소리로 물었다.

"왜 계속 너만 이기는 거지?"

"이건 먼저 하는 사람이 무조건 지게 되어 있어."

셈짱이 웃으며 말했다.

"그건 왜지?"

"**처음에 상대방이 구슬을 어느 상자에서 몇 개 꺼내든지 두 번째 구슬을 꺼내는 사람은 구슬의 개수가 같은 두 개의 상자가 되도록 또는 구슬이 한 개 들어 있는 한 개의 상자 또는 구슬이 하나씩 들어 있는 세 개의 상자가 되도록 구슬을 꺼내면 무조건 두 번째 사람이 이겨.**" 네가 먼저 구슬을 꺼내는 경우는 다음과 같이 여섯 가지야.

(1) 상자 가에서 구슬 한 개를 꺼냄

(2) 상자 나에서 구슬 한 개를 꺼냄

(3) 상자 나에서 구슬 두 개를 꺼냄

(4) 상자 다에서 구슬 한 개를 꺼냄

(5) 상자 다에서 구슬 두 개를 꺼냄

(6) 상자 다에서 구슬 세 개를 꺼냄

첫 번째 사람이 (1)을 택하면 두 번째 사람은 상자 다에서 구슬 한 개를 꺼내면 돼. 그러면 상자 나와 다의 구슬의 개수가 두 개씩 같아지거든."

"(2)를 택하면?"

흙의 몬스터가 궁금해하는 얼굴로 물었다.

"그땐 상자 다에서 구슬 두 개를 꺼내면 돼. 그러면 상자 가, 나, 다에 구슬이 한 개씩으로 같아지지. 그러면 무조건 첫 번째 사람이 마지막으로 구슬을 꺼내게 되잖아?"

"(3)의 경우에는?"

"상자 다에서 세 개의 구슬을 모두 꺼내면 돼. 그러면 상자 가에 구슬이 딸랑 한 개가 남잖아? 그건 당연히 첫 번째 사람이 꺼내게 되니까 두 번째 사람이 이기게 되지."

"(4)의 경우는?"

"상자 가에서 한 개의 구슬을 꺼내면 돼. 그러면 상자 나와 다가 두 개씩 구슬의 수가 같아서 이기게 돼."

"(5)의 경우는?"

흙의 몬스터가 고개를 쑥 내밀고 강한 호기심을 보였다.

"상자 나에서 한 개의 구슬을 꺼내면 상자 가, 나, 다에 각각 한 개씩 구슬이 남으니까 두 번째 사람이 이겨."

셈짱이 숨이 찬 듯 헉헉거리며 말했다.

"그럼 (6)의 경우는?"

"상자 나에서 두 개의 구슬을 꺼내면 돼. 그러면 상자 가에만 한 개의 구슬이 남으니까 두 번째 사람이 이기게 되지."

"대단하군. 그런 깊은 수학 이론이 담겨 있다니! 단순한 게임인 줄 알았는데……."

흙의 몬스터가 머리를 긁적이며 말했다.

잠시 후 흙의 몬스터가 산산이 부서지더니 거대한 흙기둥이 서쪽 문을 단단히 막았다. 결국 서쪽 문으로 들어가는 것도 불가능했다.

하는 수 없이 두 사람은 마지막 문인 북쪽 문으로 갔다. 북쪽 문도 열려 있었지만 빨간 망토를 걸친 원숭이 모습의 몬스터가 서 있었다.

"나는 바람의 몬스터다. 대단한 녀석들이군. 여기까지 오다니 말이야!"

바람의 몬스터가 두 사람을 노려보며 말했다.

"시간 끌지 말고 문제나 내!"

셈짱이 당당한 자세로 말했다.

바람의 몬스터가 망토를 흔들자 갑자기 두 사람 앞에 세 개의 뾰족한 탑이 나타났다. 그중 하나의 탑에는 크기가 다른 원반들이 끼워져 있었다.

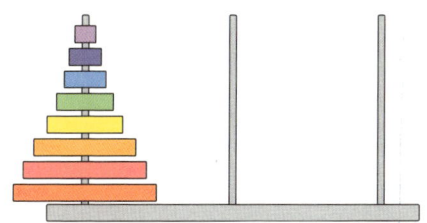

"보이는 것처럼 나무 탑 세 개가 박혀 있다. 그중 하나에는 반지름이 다른 원반 여덟 개가 큰 것이 아래에 놓이도록 쌓여 있다. 이 원반들을 이 같은 순서대로 다른 막대에 꽂는 방법은 모두 몇 가지인가? 물론

한 번에 한 개의 원반만 움직일 수 있고 큰 원반을 작은 원반 위에 놓을 수 없다. 자! 그럼 시작해라."

바람의 몬스터가 큰 소리로 말했다.

"너무 복잡해."

리나가 한숨 섞인 목소리로 말했다.

"간단해. 원반이 한 개, 두 개, 세 개인 경우의 규칙을 찾으면 될 거야."

셈짱은 이렇게 말하고는 탑에 원반을 한 개만 올려놓았다.

"원반이 한 개일 때는 그 원반을 다른 탑으로 옮기면 되니까 원반을 한 번만 움직이면 돼."

셈짱은 이렇게 말하고는 탑에 원반 두 개를 올려놓았다.

"이제 원반이 두 개인 경우를 생각해 봐. 원반이 두 개인 경우는 다음과 같이 옮겨야 해."

셈짱은 세 번 만에 두 개의 원반을 옆의 탑으로 옮겼다.

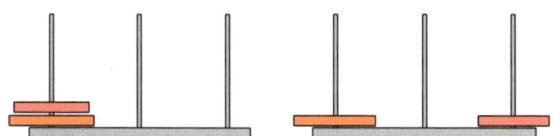

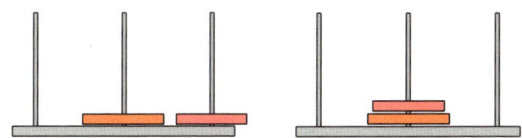

    셈짱은 원반 세 개를 올려놓더니 일곱 번 만에 다른 탑으로 원반을 옮겼다. 그러고는 다시 원반 네 개를 열다섯 번 만에 다른 탑으로 옮겼다.

    "지금까지의 경우를 정리하면 다음과 같아."

    셈짱이 빙긋 웃으며 말했다.

원반의 개수	원반 이동 횟수
1	1
2	3
3	7
4	15

    "아무 규칙도 없잖아?"

    리나가 투덜대듯 말했다.

    "다음과 같이 써 봐."

셈짱이 마법 칠판에 다음과 같이 고쳐 썼다.

원반의 개수	원반 이동 횟수
1	2^1-1
2	2^2-1
3	2^3-1
4	2^4-1

"아하, 이제야 규칙이 보여. 그럼 원반이 여덟 개인 경우는 이동 횟수가 $2^8-1=255$(회)가 되겠네?"

리나가 눈을 반짝이며 말했다.

순간 바람의 몬스터가 망토를 세차게 흔들자 거대한 회오리바람이 나타났다. 순식간에 셈짱과 리나는 회오리바람에 빨려 들어갔다. 회오리바람은 두 사람을 100미터 높이까지 끌고 올라가더니 원통 벽 안에 떨어뜨렸다.

"으악!"

추락하면서 두 사람은 동시에 비명을 질렀다. 마법 양탄자를 펼칠 시간이 없을 정도로 빠르게 바닥을 향해 떨어졌다. 셈짱과 리나는 눈을 질끈 감았다. 드디어 두 사람은 바닥에 충돌했다. 그런데 예상했던 것과는 달리 하나도 아프지 않았다. 주위를 둘러보니 수많은 깃털들이 수북이 쌓여 있는 곳에 떨어져 충격을 완화시켜 주었던 것이다. 잠시 후 두 사람이 앉아 있던 깃털들이 공중으로 치솟더니 눈부시게 아름다운 흰색 건물이 눈앞에 나타났다. 건물은 1층 높이에 바닥은 정사각형이었고, 네 개의 벽에는 각각 세 개씩의 문이 있었다.

최초의 수학책을 찾다

조화수열

"수학 신전인가 봐."

셈짱이 흥분된 목소리로 말했다. 전설로만 전해 들은 수학 신전을 보게 된 것이 너무나도 기뻤다.

"이게 뭐가 수학 신전이야? 그냥 감옥처럼 보이는데……."

리나가 약간 실망스러운 얼굴로 말했다.

두 사람은 조심스럽게 열려 있는 열두 개의 문 중의 하나를 열고 들어갔다. 방안에는 아무것도 없었다. 다만 바닥에 '나'라는 큰 글씨가 새겨져 있었다. 방의 네 벽의 중앙에는 같은 모양의 문들이 있었다. 두 사람은 들어온 문의 반대쪽에 있는 문을 열고 들

어갔다. 역시 같은 모양의 방이 나타났다. 하지만 바닥에는 아무 글씨도 새겨져 있지 않았다. 두 사람은 다시 들어온 방향으로 계속 직진해 문을 열고 옆방으로 갔다. 역시 빈 방이었고 바닥에 글씨도 새겨져 있지 않았다. 이번에는 왼쪽에 보이는 벽에 난 문을 열고 들어가니 역시 똑같은 방이 나타났다. 이런 식으로 한 바퀴를 빙 돌았더니 다시 '가'라고 쓰인 방이 나타났다.

"이 건물은 하나의 방이 여덟 개의 방으로 에워싸여져 있는 구조야. 따라서 가운데 방에 책이 있을 거야."

두 사람은 조심스럽게 가운데 방으로 향하는 문을 열었다. 다른 방들과 크기는 같았지만 바닥에는 '나'라는 글씨가 새겨져 있었고 한쪽 벽에는 열 권 정도 꽂을 수 있을 정도의 조그만 책꽂이가 있었다. 책꽂이에는 두꺼운 책 하나가 세로로 꽂혀 있었다.

"책을 찾았어!"

셈짱이 희열에 찬 목소리로 소리쳤다.

"빨리 가지고 나가자. 난 여기가 왠지 너무 으시시해. 갑자기 문이라도 닫힐 것 같아."

리나가 주위를 두리번거리며 부들부들 떨리는 목소리로 말했다.

"문이 저절로 닫힐 리가 없잖아? 여긴 우리뿐인데……."

셈짱이 대수롭지 않다는 듯 가볍게 툭 내뱉고는 책꽂이를 향해 걸어갔다. 책에는 『수학의 시작』이라는 제목이 진하게 표시되어 있었다.

"찾았어."

셈짱은 묵직해 보이는 책을 꺼내어 배낭에 넣었다. 배낭이 출렁거릴 정도로 무게가 나갔다.

덜커덩 하는 소리가 연이어 네 번 울렸다. 네 개의 방문이 차례로 닫히는 소리였다. 셈짱과 리나는 놀란 얼굴로 문을 응시했다. 리나는 가장 가까이에 있는 문으로 달려가 문고리를 잡아당겼다. 리나는 있는 힘껏 밀어 보았지만 문은 꽁꽁 얼어붙은 얼음처럼 벽과 붙어 있어 조금도 밀리지 않았다.

"어떡해! 갇혔어."

리나가 울먹거렸다.

그때 갑자기 텅 빈 책꽂이에서 묵직한 음성이 들려왔다.

"수학의 신전에 온 걸 환영한다. 하지만 이 방을 빠져나가려면 다음 문제를 풀어야 한다. 문제를 맞히면 신전은 사라지고 너희들이 원하는 곳으로 갈 수 있다. 하지만 못 맞히면 영원히 이 방에 갇혀 지내게 될 것이다."

갑자기 책꽂이가 두 사람의 눈앞에서 사라지더니 그 자리에 작은 칠판이 나타났다. 칠판에는 다음과 같은 글귀가 씌어 있었다.

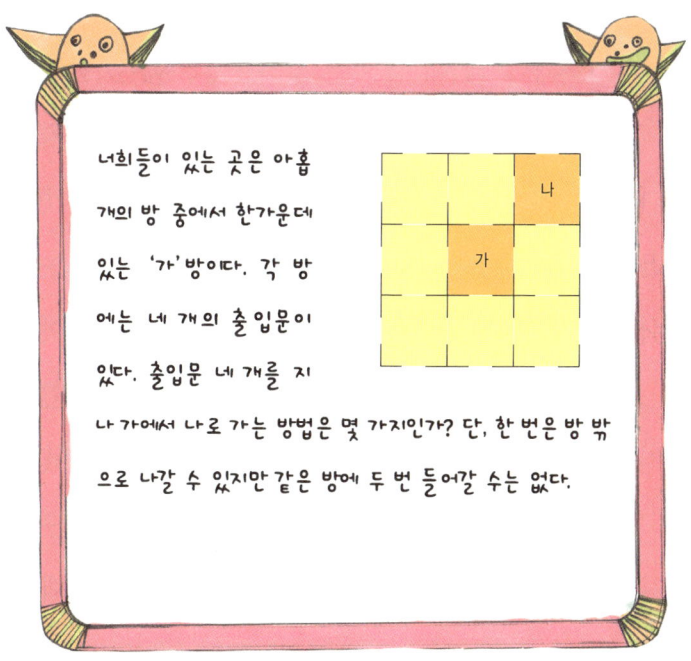

너희들이 있는 곳은 아홉 개의 방 중에서 한가운데 있는 '가' 방이다. 각 방에는 네 개의 출입문이 있다. 출입문 네 개를 지나 가에서 나로 가는 방법은 몇 가지인가? 단, 한 번은 방 밖으로 나갈 수 있지만 같은 방에 두 번 들어갈 수는 없다.

"무슨 문제인지 도무지 감이 안 잡혀."
리나가 울상을 지었다.
"간단해. 먼저 다른 방에 숫자를 붙여 봐.

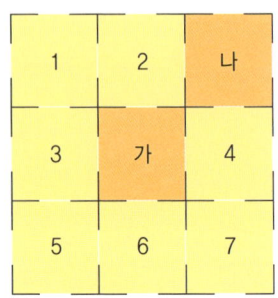

이제 나로 가는 여러 가지 방법을 차례로 헤아리면 돼. 먼저 방 밖으로 나가지 않고 가에서 나로 가는 방법은 다음과 같아.

가 → 3 → 1 → 2 → 나
가 → 6 → 7 → 4 → 나

그러니까 두 가지야. 이번에는 한 개의 방을 거쳐 밖으로 나갔다가 2번 또는 4번 방을 거쳐 나로 가는 방법은 다음과 같아.

가 → 2 → 밖 → 4 → 나
가 → 3 → 밖 → 2 → 나
가 → 3 → 밖 → 4 → 나
가 → 4 → 밖 → 2 → 나

가 → 6 → 밖 → 2 → 나
가 → 6 → 밖 → 4 → 나

이렇게 여섯 가지가 생겨."

"그럼 전부 여덟 가지야?"

"아니야. 두 개의 방을 거쳐 밖으로 나갔다가 나로 가는 방법이 있어. 다음과 같은 경우들이지.

가 → 2 → 1 → 밖 → 나
가 → 3 → 1 → 밖 → 나
가 → 6 → 7 → 밖 → 나
가 → 4 → 7 → 밖 → 나
가 → 3 → 5 → 밖 → 나
가 → 6 → 5 → 밖 → 나

이렇게 여섯 가지야. 하지만 각각의 경우에 밖으로 나가는 문이 두 개, 밖에서 나로 들어가는 문이 두 개이니까 각각의 경우는 네 가지 경우를 뜻하게 돼. 따라서 두 개의 방을 거쳐 밖으로 나갔다가 나로 가는 방법은 $4 \times 6 = 24$(가지)가 돼. 그러니까 전체 경

우의 수는

$$2+6+24=32(가지)$$

가 되는 거지."

셈짱이 답을 맞히자 갑자기 모든 벽이 사라지고 두 사람은 무지개색을 띠는 짙은 안개에 휩싸였다. 안개가 점점 더 짙어지더니 두 사람을 태우고 회오리바람처럼 변해 소용돌이를 치며 위로 끝없이 올라갔다.

"으악!"

셈짱과 리나는 비명을 질렀다. 그리고 얼마 후 두 사람은 정신을 잃었다. 시간이 얼마나 흘렀을까? 한참 뒤에 셈짱이 눈을 떠 보니 눈앞에 뉴머 왕과 로지아 공주가 있었다. 옆에는 아직 깨어나지 않은 리나가 물에 빠진 사람처럼 허우적대며 누워 있었다.

"리나, 일어나!"

셈짱이 리나를 흔들어 깨웠다. 그제야 리나는 눈을 떴다. 그리고 자신이 매쓰피아 왕궁에 와 있다는 것을 알아차렸다.

"셈짱, 드디어 왕궁에 돌아왔어."

리나가 환호성을 지르며 좋아했다.

"수고 많았어요. 그런데 책은 찾았나요?"

공주가 부드러운 목소리로 두 사람에게 물었다.

"우리가 책을 가지러 간 걸 어떻게 알았죠?"

리나가 의아해하며 물었다.

"셈짱이 편지를 보내왔어요. 왕국의 보물이 될 책을 구해 오겠다고요."

공주가 셈짱에게 생긋 웃어 보이며 말했다.

"물론이죠."

셈짱은 승리의 브이 자를 만들어 보이며 배낭에서 책을 꺼내 탁자 위에 올려놓았다. 왕과 공주는 신기한 눈으로 책을 바라보았다. 책의 표지에는 '수학의 시작'이라는 글자만 황금으로 새겨져 있을 뿐 다른 글자나 그림은 없었다. 뉴머 왕은 조용히 책으로 다가가 표지를 넘겨 보았다. 하지만 표지가 넘어가지 않았다.

"어떻게 된 거지?"

왕이 책을 들어 흔들어 보면서 책 안의 내용을 보려고 했지만 마치 강력한 접착제로 모든 쪽을 붙여 놓은 것처럼 열리지 않았다. 셈짱의 얼굴에 당황한 표정이 역력했다. 그러고는 왕에게 책을 건네받아 있는 힘껏 펼쳐 보려 했지만 꿈쩍도 하지 않았다. 그러기를

    십여 분. 모든 사람이 지쳐서 책 펼치기를 포기하려는 찰나, 갑자기 책 속에서 황금빛을 발하는 작은 요정이 튀어 나와 네 사람 사이를 날아다니기 시작했다.

    "이 책장을 펼치려면 마지막 수학 문제를 풀어야 해요."

    요정이 작은 소리로 말했다.

    "어떤 문제죠?"

    셈짱이 요정에게 눈을 가까이 대고 속삭이듯 말했다.

    "주루주루하프!!!"

    주문을 외치자 요정의 손에는 세 개의 줄이 달려 있는 조그만 하프가 들려 있었다. 세 개의 줄은 각각 길이가 달랐다. 요정은 세 개의 줄 중에서 가장 긴 줄을 살짝 퉁겼다. 그러자 낮은 '도' 음이 은은하게 울려 퍼졌다.

    "가장 긴 줄을 퉁겼을 때 낮은 도 음이 나왔지요?"

    음이 그치자 요정이 조그맣게 속삭였다. 그러고는 그보다 조금 짧은 줄을 퉁겼다. 이번에는 '솔' 음이 흘러나왔다. 마지막으로 요정은 가장 짧은 줄을 퉁겼다. 이번에는 높은 도 음이 흘러나왔다. 세 개를 동시에 퉁기자 낮은 도 음, 솔 음, 높은 도 음이 아름답게 어우러진 소리가 흘러나왔다.

"자! 그럼 책을 펼칠 수 있는 문제를 내 볼게요. 이 세 줄의 길이의 비는 어떻게 될까요?"

요정은 이렇게 말하고는 주문을 외쳐 하프를 사라지게 했다.

"하프가 사라졌어. 줄의 길이를 모르는데 어떻게 비를 구해?"

리나가 투덜대듯 말하고는 요정을 노려보았다. 당장이라도 요정과 싸울 듯한 기세였다.

"리나, 걱정 마. 이것은 피타고라스의 아름다운 음악수열이야."

셈짱이 리나를 어깨를 붙잡았다.

"음악을 이루는 것은 도레미파솔라시도야. 우리는 줄을 퉁겨서 이들 음을 만들어 낼 수 있어. 줄의 길이에 따라 다른 음들이 나오지. 길이가 짧은 줄을 퉁기면 높은 음이 나오고, 길이가 긴 줄을 퉁기면 낮은 음이 나와. 도 음을 만드는 줄의 길이를 1이라고 할 때 이 줄의 길이를 $\frac{2}{3}$로 해 주면 도 음보다 5도 높은 솔 음이 나오는데, 도와 솔은 아주 조화를 잘 이루는 음이야. 또 줄의 길이를 $\frac{1}{2}$로 하면 도보다 8도 높은, 높은 도 음이 나와. 이것도 역시 낮은 도와 조화를 이루는 음이지. 이 세 수를 봐.

$$1, \frac{2}{3}, \frac{1}{2}$$

아무 규칙이 없어 보이지? 각각의 수의 역수(분자와 분모를 바꾼 수)를 취해 봐. 그러면

$$1, \frac{3}{2}, 2$$

가 되잖아? 세 개의 수는 차이가 $\frac{1}{2}$씩이야. 이렇게 $1, \frac{2}{3}, \frac{1}{2}$ 처럼 역수를 취하면서 차이가 일정한 수열을 '조화수열'이라고 불러."

"정말 아름다워. 음악 속에 이런 멋진 수학이 있다는 게."

리나가 감탄한 듯 말했다.

요정은 입가에 엷은 미소를 짓더니 책 위에 노란 연기를 뿌리고는 사라졌다. 셈짱은 조심스럽게 다가가 책장을 펼쳤다. 두꺼운 표지가 열리면서 황금으로 조각된 아주 오래된 글자들이 나타났다.

"수학의 시작이야."

셈짱이 탄성을 질렀다. 모두들 세계 최초의 수학책을 넋을 잃

고 바라보았다. 책은 왕실도서관의 한복판에 있는 유리 케이스 안에 보관되어 백성들이 항상 볼 수 있게 했다. 이제 매쓰피아 왕국은 세상에서 가장 오래된 수학책을 가진 나라가 되었다.

부록

정교수의 강의노트

★ 심화학습

★ 심화학습 ★

1) 경우의 수

상의가 세 종류일 때 상의를 다르게 입는 방법의 수는 세 가지이죠? 이처럼 어떤 상황에 대해 나타낼 수 있는 모든 방법의 수를 '경우의 수'라고 부른답니다.

주사위를 던졌을 때 나올 수 있는 경우의 수는 몇 가지일까요? 주사위의 눈은 다음과 같지요.

1, 2, 3, 4, 5, 6

그러므로 주사위를 던졌을 때 나올 수 있는 경우의 수는 여섯 가지입니다.

다른 예를 들어 볼까요?

마스가 옷장을 열어 보니 빨간 모자가 세 종류, 노란 모자가 두 종류 있어요. 그럼 마스가 모자를 쓰는 모든 방법의 수는 몇 가지일까요?

당연히 다섯 가지겠죠? 마스는 빨간 모자 중 하나를 쓰거나 노란 모자 중 하나를 쓰게 돼요. 이처럼 '또는'으로 나타낼 때는 각각의 경우의 수를 더하면 됩니다.

마스가 옷장을 열어 보니 상의는 두 종류이고 하의는 세 종류예요. 마스가 위아래 옷을 입는 경우의 수는 몇 가지가 될까요?

상의를 입는 경우의 수: 두 가지

하의를 입는 경우의 수: 세 가지

이때는 상의 중 하나를 입고 그리고 하의 중 하나를 골라 입어야죠. 이처럼 '그리고'로 나타낼 때 전체 경우의 수는 각각의 경우의 수의 곱이 되지요. 그러므로 답은 2×3=6(가지)이 돼요.

다른 예를 봅시다.

셔츠가 세 종류, 바지가 네 종류, 양말이 두 종류일 때 옷을 다르게 입는 방법의 수는 몇 가지일까요?

셔츠 중 하나를 입고, 바지 중 하나를 입고, 양말 중 하나를 신어야 하므로 곱셈을 쓰면 되죠. 그러므로

3×4×2=24(가지)

가 돼요.

이번에는 도로와 관련된 문제를 볼까요?

A에서 B까지 가는 데 P 또는 Q 지점을 거쳐서 가고, 그 지점들 사이의 길은 다음과 같다고 해 보세요.

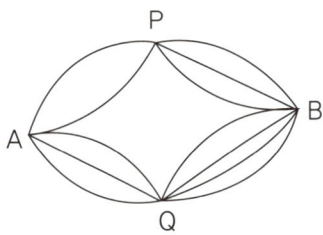

이때 A, B를 왕복하는 데 P를 오직 한 번만 거쳐 가는 길은 모두 몇 가지일까요?

P를 한 번만 거쳐 가므로 갈 때 P 쪽으로 가면 올 때는 Q 쪽으로 오고, 갈 때 Q 쪽으로 가면 올 때는 P 쪽으로 와야 합니다. 그러므로 다음과 같은 두 경우가 가능하지요.

(I) A → P → B → Q → A

(II) A → Q → B → P → A

(I)의 경우를 보죠. A에서 P로 가는 길은 두 가지, P에서 B로 가는 길은 세 가지, B에서 Q로 가는 길은 네 가지, Q에서 A로 가는 길은 세 가지이므로 A → P → B → Q → A로 가는 경우의 수는

$$2 \times 3 \times 4 \times 3 = 72(가지)$$

가 됩니다.

(Ⅱ)의 경우의 수 역시

$$3 \times 4 \times 3 \times 2 = 72(가지)$$

가 됩니다. 두 경우는 '또는'으로 연결되어 있으므로 전체 경우의 수는

$$72 + 72 = 144(가지)$$

입니다.

2) 순서대로 세우기

A, B, C 세 사람이 있을 때 세 사람을 일렬로 세우는 서로 다른 방법은 모두 몇 가지일까요? 실제로 나열해 보면 다음과 같습니다.

A-B-C
A-C-B
B-A-C

B-C-A

C-A-B

C-B-A

여섯 가지 방법이 있군요. 왜 여섯 가지일까요? 다음과 같이 세 개의 빈 의자가 있다고 해 보죠.

첫 번째 의자에는 A, B, C 아무나 앉을 수 있죠? 그러므로 첫 번째 의자에 앉히는 방법의 수는 세 가지입니다. 두 번째 의자에는 첫 번째 의자에 앉은 사람을 빼야죠? 즉, 첫 번째 의자에 A가 앉았다면 두 번째 의자에는 B 또는 C가 앉을 수 있으므로 두 번째 의자에 앉을 수 있는 방법은 두 가지입니다. 세 사람 중 두 사람이 의자에 앉았죠? 그럼 남은 사람은 몇 명이죠? 한 명이군요. 그 한 명이 마지막 의자에 앉으면 되므로 마지막 의자에 앉히는 방법은 한 가지입니다. 그러므로 세 개의 의자에 세 사람을 앉힐 수 있는 방법의 수는

$$3 \times 2 \times 1 = 6 \text{(가지)}$$

이 됩니다.

다음 문제를 보세요.

서로 다른 마을에 사는 네 명의 친구 집을 한 번씩 돌아보고 오는 데는 몇 가지 방법이 있을까요?

네 친구를 A, B, C, D라고 해 봅시다. 네 친구 집을 A → B → C → D의 순서로 갈 수도 있고, B → C → A → D의 순서로 갈 수도 있습니다. 그러므로 가능한 경우는 A, B, C, D를 일렬로 배열하는 방법의 수이므로

$$4 \times 3 \times 2 \times 1 = 24 \text{(가지)}$$

가 됩니다.

이번에는 네 개 중에서 두 개만 뽑아 일렬로 배열하는 경우의 수를 알아볼까요? 예를 들어 1, 2, 3, 4를 보죠. 여기서 두 개만 뽑아 일렬로 배열하는 경우를 모두 써 보면 다음과 같습니다.

```
12   13   14
21   23   24
```

    31 32 34

    41 42 43

모두 열두 가지 경우죠? 이것은 4×3이라고 쓸 수 있어요. 그러므로 네 개 중에서 두 개를 뽑아 일렬로 세우는 방법의 수는 4부터 시작해서 하나씩 작아지는 수를 곱하는데, 그 곱한 수들의 개수가 두 개가 되면 되지요.

다음 문제를 봅시다.

1, 2, 3, 4, 5, 6의 숫자 카드 중에서 세 장의 카드를 뽑아 일렬로 배열하여 생기는 세 자리 숫자는 몇 가지일까요?

문제를 풀면 전체 경우의 수는 6×5×4=120(가지)입니다.

이번에는 다음과 같은 문제를 보죠.

0, 1, 2, 3이 적힌 네 장의 숫자 카드 중 두 장을 사용하여 만들 수 있는 서로 다른 두 자리 수는 모두 몇 개일까요?

십의 자리와 일의 자리를 라고 놓아 봅시다. 이때 십의 자리에는 0이 올 수 없어요. 03과 같이 십의 자리 숫자가 0인 수는 없으니까요.

그러므로 십의 자리에 숫자를 넣는 방법은 세 가지예요. 십의 자리를 어떤 숫자로 채웠다고 해 봅시다. 그럼 숫자 카드가 세 장이 남겠죠? 그러니까 일의 자리를 채우는 방법은 세 가지가 돼요. 따라서 전체 경우의 수는 3×3=9(가지)가 됩니다.

3) 지불 금액과 지불 방법

여러 종류의 돈이 있을 때 지불할 수 있는 금액과 지불하는 방법이 몇 가지인지를 알아봅시다. 예를 들어 1000원짜리 지폐 세 장, 500원짜리 동전 세 개, 100원짜리 동전 세 개가 있다고 해 보죠. 이때 거스름돈 없이 지불할 수 있는 방법은 몇 가지일까요?

이 문제에서 가장 중요한 것은 '1000원=500원+500원'입니다. 즉, 1000원을 지불할 때 1000원짜리 한 장을 내도 되고, 500원짜리 동전 두 개를 내도 되지요. 그러므로 1000원짜리 대신 500원짜리 두 개가 있다고 생각해도 됩니다. 그러면 다음과 같지요.

500원짜리: 아홉 개
100원짜리: 세 개

이제 500원짜리 아홉 개와 100원짜리 세 개로 지불할 수 있는 금액이

몇 종류인지 알아내면 됩니다. 500원짜리를 낼 수 있는 방법은 0개, 1개, 2개, …, 9개로 열 가지 경우가 있어요. 100원짜리는 세 개이므로 100원짜리를 낼 수 있는 방법은 0개, 1개, 2개, 3개의 네 가지가 되어 전체 경우의 수는

$$10 \times 4 - 1 = 39 (가지)$$

입니다. 여기서 1을 빼는 이유는 500원짜리를 0개 내고 100원짜리를 0개 내면 지불 금액은 0원이 되기 때문입니다.

이 문제에서 500원짜리 두 개를 1000원짜리 한 장으로 바꾸어도 같은 결과가 나옵니다. 그 경우는 다음과 같지요.

1000원짜리: 네 개
500원짜리: 한 개
100원짜리: 세 개

1000원짜리를 지불하는 방법은 다섯 가지, 500원짜리를 지불하는 방법은 두 가지, 100원짜리를 지불하는 방법은 네 가지이므로 전체 지불 금액의 종류는

$$5 \times 2 \times 4 - 1 = 39 (가지)$$

가 됩니다.

그렇다면 돈을 지불하는 방법은 모두 몇 가지일까요? 이 문제는 지불 금액의 종류와 다릅니다. 예를 들어 2600원을 내는 경우를 보죠. 1000원짜리 지폐 두 장, 500원짜리 동전 한 개, 100원짜리 동전 한 개를 낼 수도 있고, 500원짜리 동전 다섯 개, 100원짜리 동전 한 개를 낼 수도 있죠. 그러므로 지불 금액이 같아도 지불 방법은 다릅니다. 이 문제에서 1000원짜리를 내는 방법은 0, 1, 2, 3의 네 가지, 500원짜리를 내는 방법은 0, 1, 2, 3의 네 가지, 100원짜리를 내는 방법은 0, 1, 2, 3의 네 가지이므로 지불 방법의 수는

$$4 \times 4 \times 4 - 1 = 63 (가지)$$

입니다.

4) 도형과 경우의 수

다음 도형을 봅시다.

여기에 빨강, 노랑, 파랑, 초록, 보라 중의 어느 색이든 사용하여 서로 인접한 부분은 반드시 다른 색으로 칠하는 방법은 모두 몇 가지일까요?

다섯 개의 영역을 다음과 같이 나타내 봅시다.

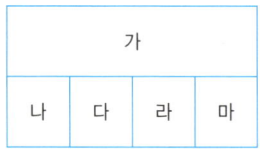

가부터 나, 다, 라, 마의 순서로 색칠한다고 해 보죠. 그럼 가에는 빨강, 노랑, 파랑, 초록, 보라 중 아무 색이나 칠해도 되므로 가를 칠할 수 있는 방법은 다섯 가지입니다. 나에는 가와 같은 색을 쓸 수 없으므로 나에 칠할 수 있는 색의 종류는 다섯 가지가 아니라 네 가지입니다. 다는 가, 나에 인접해 있으므로 다에는 가, 나와는 다른 색을 칠해야 해요. 그러므로 다에 칠할 수 있는 방법은 세 가지입니다. 나, 라는 인접해 있지 않으므로 같은 색으로 칠해도 됩니다. 그러므로 라에는 가, 다와 다른 색을 칠하면 되기 때문에 라에 칠하는 방법은 세 가지입니다. 이제 마지막 마만 남았군요. 마는 가, 라와 다른 색을 칠하면 되므로 마에 칠하는 방법은 세 가지입니다.

가를 칠하는 방법: 다섯 가지

나를 칠하는 방법: 네 가지

다를 칠하는 방법: 세 가지

라를 칠하는 방법: 세 가지

마를 칠하는 방법: 세 가지

그러므로 구하는 경우의 수는

$$5 \times 4 \times 3 \times 3 \times 3 = 540(가지)$$

입니다.

 모스 부호와 무기명 투표

1, 2가 씌어 있는 두 장의 숫자 카드로 중복을 허락하여 두 자리 숫자를 만드는 방법의 수는 모두 몇 가지일까요?

모두 나열해 보면 다음과 같아요.

11   12   21   22

모두 네 가지군요.

이번에는 중복을 허락해 세 자리 수를 만들어 보죠. 그러면 다음과 같아요.

111　112　121　122
211　212　221　222

모두 여덟 개의 세 자리 수가 만들어지는군요. 같은 방법으로 네 자리 수를 만들어 보죠.

1111　1112　1121　1211
2111　1122　1212　1221
2112　2121　2211　1222
2122　2212　2221　2222

모두 열여섯 개의 네 자리 수가 만들어지는군요. 지금까지 나온 결과를 정리하면 다음과 같아요.

두 자리 수: 4개
세 자리 수: 8개
네 자리 수: 16개

아무 규칙이 없는 것처럼 보이죠? 이것을 제곱으로 나타내 봅시다. 제곱은 같은 수 두 개를 곱한 것으로 다음과 같이 나타내요.

$$4=2^2,\ 8=2^3,\ 16=2^4$$

그러면 다음과 같지요.

두 자리 수: 2^2개

세 자리 수: 2^3개

네 자리 수: 2^4개

아하! 두 개의 숫자 1, 2로 중복을 허용하여 여러 자리 수의 수를 만들 때의 규칙이 나왔군요. 이 규칙대로라면 다섯 자리 수는 $2^5=32$(개), 여섯 자리 수는 $2^6=64$(개), … 이런 식으로 만들어지겠지요. 즉, 두 개의 숫자로 중복을 허락해 만들 수 있는 □자리 수는 모두

$$2^{□}(개)$$

가 되는군요.

이번에는 세 개의 숫자 카드 1, 2, 3으로 해 보죠. 중복을 허락해 두 자리 수를 만들면 다음과 같아요.

11 12 13
21 22 23
31 32 33

모두 아홉 개가 만들어지는군요. 이번에는 세 자리 수를 모두 만들어 보죠.

111	211	311
112	212	312
113	213	313
121	221	321
122	222	322
123	223	323
131	231	331
132	232	332
133	233	333

모두 27개이며, 다음과 같이 정리할 수 있어요.

두 자리 수: 9개

세 자리 수: 27개

이것은 제곱을 이용해 다음과 같이 고쳐 쓸 수 있어요.

두 자리 수: 3^2개

세 자리 수: 3^3개

규칙이 나왔군요. 세 개의 숫자로 중복을 허락해 만들 수 있는 □자리의 수는 모두

$$3^{□}(개)$$

가 되는군요.

·과 −를 이용하여 부호를 만드는 것을 '모스 부호'라고 해요. 중복을 허용하여 세 개를 뽑아 만들 수 있는 모스 부호의 수는 모두 몇 개일까요?

이것은 두 개의 숫자 카드로 중복을 허용하여 세 자리 수를 만드는 경우의 수와 같으므로

$$2^3 = 8(가지)$$

이 됩니다. 이것을 모두 나타내면 다음과 같지요.

· · ·
· · −
· − ·
· − −
− · ·

이번에는 두 후보자에게 세 명의 유권자가 무기명 투표를 할 때 나타나는 모든 경우의 수를 구해 봅시다. 세 명의 유권자를 A, B, C라고 하고 두 후보자를 a, b라고 해 봐요.

유권자 A가 쓸 수 있는 모든 경우의 수는 a, b의 두 가지
유권자 B가 쓸 수 있는 모든 경우의 수는 a, b의 두 가지
유권자 C가 쓸 수 있는 모든 경우의 수는 a, b의 두 가지

그러므로 전체 경우의 수는

$$2 \times 2 \times 2 = 2^3 \text{(가지)}$$

가 되어 두 개에서 중복을 허용하여 세 개를 뽑아 일렬로 세우는 경우의 수와 같아집니다.

6 뽑기만 할 때의 경우의 수

이번에는 순서대로 세우지 않고 단지 뽑기만 할 때의 경우의 수에 대해 알아보죠. 1, 2, 3 세 장의 숫자 카드가 있다고 합시다. 여기서 두 개를 뽑아 일렬로 세우는 경우는 $3 \times 2 = 6$(가지)입니다. 이것을 모두 쓰면 다음과 같습니다.

12   13   21   23   31   32

이것을 다음과 같이 써 보죠.

12   13   23
21   31   32

위아래에 있는 두 경우는 같은 두 개의 숫자를 뽑은 경우죠? 그러므로 순서를 생각하지 않고 뽑기만 하는 경우라면 (1, 2)나 (2, 1)은 마찬가지가 되므로 전체 경우의 수를 2로 나누어야 합니다. 그러므로 세 개 중에 두 개를 뽑기만 하는 경우는 다음과 같이 계산하면 되지요.

$$(3 \times 2) \div (2 \times 1)$$

따라서 네 장의 숫자 카드 1, 2, 3, 4에서 세 장을 뽑는 경우를 모두 나열하면 다음과 같습니다.

123　　124　　134　　234

모두 네 가지 경우가 되는군요. 물론 1, 2, 3, 4에서 세 장을 뽑아 순서대로 세우는 방법의 수는 4×3×2(가지)입니다. 이것은 다음과 같이 쓸 수 있습니다.

123	124	134	234
132	142	143	243
213	214	314	324
231	241	341	342
312	412	413	423
321	421	431	432

첫 번째 박스 안은 1, 2, 3을 순서대로 세우는 여섯 가지 방법을 나타내고 있습니다. 그런데 이 여섯 가지는 단순히 뽑기만 하는 경우에는 모두 똑같은 경우입니다. 이것은 나머지 박스의 경우도 마찬가지입니다. 그러므로 네 개의 수에서 세 개의 수를 택하여 일렬로 세우는 방법의 수는 단순히 세 개의 수만을 뽑는 방법의 수의 6배가 됩니다. 여기서 6은 세 개의 서로 다른 수를 일렬로 세우는 방법의 수인 3×2×1입니다. 따라서 네 개 중에서 세 개를 뽑기만 하는 경우의 수는

(4×3×2)÷(3×2×1)

이 됩니다.

네 팀이 풀리그를 벌인다면 모두 몇 경기를 치러야 할까요? 경기를 하려면 두 팀이 필요하죠? 예를 들어 네 팀을 한국, 포르투갈, 미국, 폴란드라고 해 봐요. 따라서 네 팀에서 두 팀을 뽑는 방법의 수를 구하면 돼요. 네 팀에서 두 팀을 뽑아 순서대로 세우는 경우의 수는 4×3(가지)이므로 이것을 2×1로 나누면 돼요. 그러므로 구하는 경우의 수는

$$(4 \times 3) \div (2 \times 1) = 6(경기)$$

이 됩니다. 그리고 여섯 경기는 다음과 같아요.

한국 : 폴란드

한국 : 미국

한국 : 포르투갈

포르투갈 : 폴란드

포르투갈 : 미국

미국 : 폴란드

풀리그와 비슷한 경우가 있어요. 네 명이 있을 때 서로 한 번씩 악수하면 악수의 횟수는 모두 몇 번일까요? 악수도 두 명이 있어야 할 수 있으므로 네 명 중에서 두 명을 뽑아내는 방법의 수와 같습니다. 그러

므로

$$(4 \times 3) \div (2 \times 1) = 6(회)$$

이 되지요.

토너먼트란 한 번 진 팀은 더 이상 경기를 할 수 없는 경기 방식이에요. 토너먼트의 경기 수와 팀 수 사이에는 어떤 관계가 있을까요? 토너먼트의 경기 수는 팀 수에서 1을 빼면 돼요. 그러므로 네 팀이 토너먼트를 하면 4−1=3이므로 경기 수는 세 경기입니다.

토너먼트는 한 번 진 팀이 탈락하므로 경기마다 탈락하는 한 팀이 결정돼요. 그럼 우승자를 제외하고는 모두 탈락해야 하므로 (팀 수−1)만큼의 경기를 해야 합니다.

이번에는 토너먼트와 풀리그가 섞여 있는 경우를 볼까요? 월드컵 축구대회의 경기 수가 모두 몇 경기인지 알아봅시다.

월드컵 축구대회는 32팀이 참가해 네 팀씩 여덟 개 조로 나뉘어 예선은 풀리그로 하고, 각 조의 1, 2위 팀이 16강전부터 토너먼트로 우승자를 가립니다.

먼저 예선 경기를 볼까요? 한 조에는 네 팀이 있고 리그를 벌이므로 한 조에서는

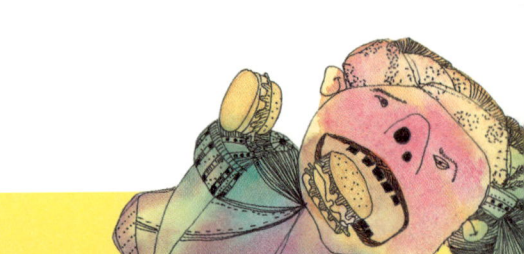

$$(4 \times 3) \div (2 \times 1) = 6(경기)$$

을 치르게 되고, 모두 여덟 개 조가 있으므로 $6 \times 8 = 48(경기)$을 치릅니다.

이런 방법으로 16강이 결정되면 토너먼트로 우승을 가리고 3, 4위전을 치르므로 16경기가 더 필요하죠. 따라서 전체 경기 수는

$$48 + (16 - 1) + 1 = 64(경기)$$

가 되죠.

7) 마주 보는 번호

1번부터 32번까지 32명의 어린이가 번호 순서대로 원 위에 똑같은 간격으로 둘러앉았습니다. 이때 13번 어린이와 마주 보고 앉은 어린이의 번호를 찾는 문제를 풀어 봅시다.

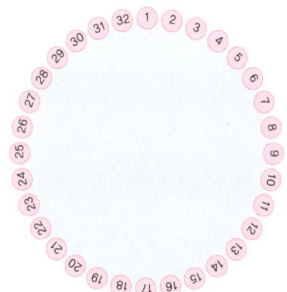

자신과 마주 보고 있는 어린이의 번호를 자신의 번호에 전체 번호의 절반을 더하면 돼요. 예를 들어 자신의

번호를 13이라고 해 보죠. 전체 번호는 32이므로

$$\text{마주 보는 번호}: 13+(32 \div 2)=29$$

가 되지요. 즉, 13번 어린이와 마주 보는 어린이는 29번 어린이예요.

8) 확률

어떤 사건이 일어날 확률은 다음과 같이 정의됩니다.

$$\text{어떤 사건이 일어날 확률} = \frac{\text{어떤 사건이 나오는 경우의 수}}{\text{전체 경우의 수}}$$

동전을 던져 앞면이 나올 확률을 볼까요? 우선 가능한 사건은 다음과 같습니다.

앞면이 나오는 경우

뒷면이 나오는 경우

전체 경우의 수는 두 가지이고 앞면이 나오는 경우는 한 가지이므로 앞면이 나올 확률은 $\frac{1}{2}$이 되죠.

주사위를 던져 홀수의 눈이 나올 확률은 얼마일까요? 주사위를 던지면 1, 2, 3, 4, 5, 6의 여섯 가지 경우가 나오므로 전체 경우의 수는 여섯 가지이고 홀수는 1, 3, 5의 세 종류이므로 세 가지이죠. 그러므로 구하는 확률은 $\frac{3}{6}$이고 약분하면 $\frac{1}{2}$이 돼요.

1부터 10까지 적힌 숫자 카드에서 한 장의 카드를 뽑을 때 3의 배수이거나 5의 배수인 카드가 나올 확률은 얼마일까요?

전체 경우의 수는 열 가지예요. 3의 배수는 3, 6, 9의 세 가지이므로 3의 배수가 나올 확률은 $\frac{3}{10}$이 됩니다. 5의 배수는 5, 10이므로 5의 배수가 나올 확률은 $\frac{2}{10}$가 되고요. 그러면 3의 배수 또는 5의 배수가 나올 확률은 두 확률을 더하면 돼요. 그러므로 3의 배수 또는 5의 배수가 나올 확률은

$$\frac{3}{10} + \frac{2}{10} = \frac{5}{10} = \frac{1}{2}$$

이 되죠.

두 사건의 확률을 곱하는 경우도 있어요. 다음과 같은 경우예요.

주사위를 두 번 던져 두 번 모두 3의 눈이 나올 확률은 얼마일까요?

주사위를 한 번 던져 3의 눈이 나올 확률은 $\frac{1}{6}$이에요. 두 번째 주사위

를 던졌을 때 3의 눈이 나올 확률도 $\frac{1}{6}$ 이에요. 그러므로 첫 번째 던진 주사위가 3이 나오고 두 번째 주사위도 3이 나올 확률은 두 확률을 곱하면 돼요. 그러므로

$$\frac{1}{6} \times \frac{1}{6} = \frac{1}{36}$$

이 답이에요.

주사위를 두 개 던지는 문제와 비슷한 문제가 있어요. 다음과 같은 문제예요.

다섯 개의 객관식 문제가 출제되었다. 각각의 문제의 보기가 네 개일 때 아무렇게나 답을 적었을 때 100점을 맞을 확률은 얼마일까요?

한 문제에서 답을 맞힐 확률은 얼마죠? 보기가 네 개이고 답은 한 개이므로 $\frac{1}{4}$ 이 돼요. 다섯 개의 문제를 모두 맞힐 확률은 각각의 확률을 곱하면 되므로

$$\frac{1}{4} \times \frac{1}{4} \times \frac{1}{4} \times \frac{1}{4} \times \frac{1}{4} = \frac{1}{1024}$$

이 돼요.

9 우승할 확률

A, B 두 팀이 겨루는 경기에서 네 번의 게임에서 먼저 이기는 팀이 우승하고 상대팀은 준우승이 됩니다. 현재까지의 경기에서 A가 두 번 이기고 B가 한 번 이겼다고 하면 이때 A팀이 우승할 확률은 얼마일까요?

우선 A가 2승 1패라는 것을 명심하세요. 그러므로 B가 3승을 추가하기 전에 A가 먼저 2승을 추가하면 A가 우승하게 돼요. 남은 경기에서 A가 2승을 먼저 추가하는 경우는 다음과 같아요. A가 이기는 게임을 ○, 지는 게임을 ×라고 해 봅시다.

○○
×○○
○×○
××○○
×○×○
○××○

이 여섯 가지 경우가 일어날 확률을 모두 더하면 그것이 A가 우승할 확률이에요. 그럼 ○○이 될 확률은 어떻게 되죠? A가 두 번 연속 이겨야 하므로

$$\frac{1}{2} \times \frac{1}{2} = \frac{1}{4}$$

이 돼요.

그럼 ×○○이 될 확률은 어떻게 될까요? A가 질 확률도 $\frac{1}{2}$이므로

$$\frac{1}{2} \times \frac{1}{2} \times \frac{1}{2} = \frac{1}{8}$$

이 돼요. 따라서 각 경우의 확률을 모두 구하면 다음과 같아요.

○○이 될 확률: $\frac{1}{2} \times \frac{1}{2} = \frac{1}{4} = \frac{4}{16}$

×○○이 될 확률: $\frac{1}{2} \times \frac{1}{2} \times \frac{1}{2} = \frac{1}{8} = \frac{2}{16}$

○×○이 될 확률: $\frac{1}{2} \times \frac{1}{2} \times \frac{1}{2} = \frac{1}{8} = \frac{2}{16}$

××○○이 될 확률: $\frac{1}{2} \times \frac{1}{2} \times \frac{1}{2} \times \frac{1}{2} = \frac{1}{16}$

×○×○이 될 확률: $\frac{1}{2} \times \frac{1}{2} \times \frac{1}{2} \times \frac{1}{2} = \frac{1}{16}$

○××○이 될 확률: $\frac{1}{2} \times \frac{1}{2} \times \frac{1}{2} \times \frac{1}{2} = \frac{1}{16}$

이것을 모두 더하면 $\frac{11}{16}$이므로 A가 우승할 확률은 $\frac{11}{16}$이 돼요.

글쓴이 정완상 교수

1962년 서울에서 태어나 1985년에 서울대학교 무기재료공학과를 졸업했습니다. 1992년 KAIST에서 중력이론으로 이론물리학 박사학위를 취득하였고, 1992년부터 현재까지 국립 경상대학교 기 과학부 교수로 재직하고 있습니다. 전공 분야는 중력이론과 양자대칭성 및 응용수학으로 현재까지 물리학과 수학의 국제 학술지에 100여 편의 논문을 게재했습니다.
저서로는 『아인슈타인이 들려주는 상대성원리 이야기』, 『호킹이 들려주는 빅뱅 이야기』, 『과학공화국 물리법정』, 『과학공화국 수학법정』, 『과학공화국 생물법정』, 『과학공화국 화학법정』, 『과학공화국 지구법정』 등이 있습니다.

그린이 조윤영

아이들을 가르치다가 동화 그림을 그리게 되었습니다. 『햇살이와 까망이』, 『지구를 떠난 더럼더럼』, 『위대한 성』, 『사다리과학』, 『신들을 웃게 한 금둥이』, 『수학편지』 등에 그림을 그렸습니다. 이 책의 그림은 콜라주로 작업했습니다.

영재들을 위한 상위10%
수학 바이러스

2010 좋은 어린이책 최우수 도서 선정

매쓰피아 왕국에서 펼쳐지는
셈짱과 리나의 수학 모험

❶ 구구몬과의 대결 　수와 연산
❷ 마법의 도형 　도형
❸ 함정에 빠진 셈짱과 리나 　문자와 식
❹ 매쓰톤의 좌표 　규칙성과 함수
❺ 게임 아일랜드 　확률과 통계

글 정완상 | 그림 조윤영 | 값 14,000원

매쓰브리지 캠퍼스에서 펼쳐지는
페르와 매씨의 추리 모험

❶ 매쓰브리지 입학 　수와 연산
❷ 바빌로니아 피타고라스 　도형
❸ 수학유령의 등장 　문자와 식
❹ 교묘한 트릭 　규칙성과 함수
❺ 이상한 카드게임 　확률과 통계

글 정완상 | 그림 이화 | 값 14,000원